U0114334

社服與公益 1

截貧制富

與其劫富濟貧，不如截貧制富！
與其截斷窮根，毋寧多制富人！
用永續經營的觀念推展創業型公益！

黃文杰 著

博客思出版社

有人有夢想，沒有資金；
有人很有錢，卻不懂如何投入善的用途；
有人想做公益，但卻擔心捐的錢不知流向何方；
在美國的一個平凡華僑，
研究出一個多贏的策略，為社會公益盡心！

緣起——
一個平凡人的夢想

　　我只是個在美國居住多年的平凡人，有著自己小小的公司，在華人世界從事媒體工作，多年來也有舉辦活動，甚至或與慈善事業有關，只希望可以透過一己和共事同仁們的齊心齊力，為社會多做點貢獻。

　　終究我只是個平凡人，不像美國的比爾·蓋茨（Bill Gates）及沃倫巴菲特（Warren Buffett），或台灣的張榮發及郭台銘，或香港的邵逸夫那樣，有龐大的財富可以做很大的社會公益，造福成千上萬的人。

　　所以我只是盡我平凡人有限的能力，在我財力許可範圍內，做微不足道的努力，心中雖有大志，但有心無力，也只能量力而為。

　　但，2008 年，一個新聞帶給我一個啟發，並且讓我忽然茅塞頓開。悟到，我雖不是富豪，但不代表我不能夠為這社會做更大的貢獻。畢竟，社會是個很大很大的群體，每個人單一力量雖然薄弱，但若眾志齊心，那力量就可以很大。於是我開始有了「集眾人力量為社會做貢獻」的雛形構想。

　　2008 年我看到的新聞是什麼呢？那年六月，微軟創辦人比爾·蓋茨先生做完最後全日制的微軟工作，從此改為兼職，而將主力全放在慈善事業。而我再搜尋更多他的慈善紀

錄，知曉他在 2005 年就已公開宣布，他將在自己死後，把
99% 的財產捐贈給公益事業（並且他不只本身捐錢，更號召
發起「捐獻承諾」運動）。

這件事啟發我的靈感兩個：

第一、蓋茨擁有世界數一數二非常龐大的財富，那是許
多人就算窮幾輩子的打拼，也成就不了的鉅大資產，但他竟
然就願意把這筆錢捐出去。而且參與捐獻義行的還有知名投
資家巴菲特。根據「捐贈承諾」公佈的名單，這 40 位億萬
富翁主要為白手起家的大亨。除了蓋茨夫婦及巴菲特外，還
有微軟創始人之一保羅艾倫（Paul Allen）、甲骨文公司創
始人拉里埃里森（Larry Ellison）、紐約市長邁克爾布隆伯格
（Michael Bloomberg）、華裔生物制藥大亨陳頌雄夫婦、知
名電影導演喬治盧卡斯（George Lucas）、洛克菲勒家族族長
戴維洛克菲勒（David Rockefeller）、希爾頓家族的巴倫希爾
頓（Barron Hilton）等大家族繼承人和美國有線電視新聞網創
始人特德特納（Ted Turner）等。就我可查到就有數十位。原
來，那些大富翁們，也都非常有心，願對這社會做出更多的
貢獻。

第二、這些大富豪，捐的錢都不只是幾百萬幾千萬美金
這樣的金額，而是數十億數百億的大財富。這麼龐大的金
錢，通常就交由一個基金會來管轄，進入重重的管理系統。

但鉅額資金，有否更好的運用方式？

當時，忽然一個想法像火花一樣碰一聲在腦海裡綻放。

如果，資金是一種活的體系，一個可以不斷衍伸的系統。資金不是直接投入給有急用的窮困弱勢者，而是投入許許多多未來創業家，這些創業家又不斷的產生及補助更多的創業家。如此，原本只是單一個人的力量投入慈善的事業，透過體系卻可以創造更多的可以投入慈善事業的人，並且永續傳丞，永遠濟世。這不是比只憑一個人的遺產，做範圍有限的救濟，要更實用的多嗎？

於是，我誕生了「恩基金」的概念，並接著用一年多的時間充實改進，希望讓計劃至臻完美。

其實在最早那個火花誕生時，我同時也想到自己若將來遺下的小小積蓄，儘管只能培育有限的人，但也一定可以採用這種方法。當然那時我若可以物色到我想資助的人，也純是憑個人眼光，甚至也只能憑一份「良心」合約，毫無具體約束。但即便這樣，我仍然覺得「人本善良」及「用人不疑、疑人不用」，就憑著這種信念，我認為一切也值得，並頓時豁然開朗，就像人生有了目標，開心不已。

不過，隨著 2009 年美國金融風暴爆發，往後日子先後演變中東萊莉花變天、全球衝擊金融街行動，其深層原因都是人民要求「還富於民」的時候，就令自己想不斷的培育創業家，或者我在此稱他們為「慈善戰士」的理念更強烈和更正確。

近年，當先後知道中國的陳光標赴台行善新聞和台灣長

榮集團總裁張榮發宣佈把總額五百億財產全捐做公益後，特別是後者，我開始知曉願意把龐大家產捐獻不是歐美人士的專利，中國人也有如此偉大胸襟的慈善家，於是才洞悉要把自己的理念發揚光大，但怎樣能發揚光大呢確是一個問題。

直到 2012 年中，在一個朋友閒聊時，雖然我們聊的內容與我這個慈善理念完全風馬牛不相及，但他無意的一句話卻剎時令我靈機一觸，才想到用電視節目形式去不停培育「慈善戰士」、這些戰士會集合成一團體（商會）與及由他們自己再完善及管理這些資產（基金）。

當然，隨著近來世界各地政府或調查機構宣佈社會貧富愈來愈懸殊的消息，另一方面又再得知台灣富商郭台銘：已公證將捐出 90% 財產、最近還得知藝人曾志偉想做一檔關心年輕人創業的節目、周潤發也宣佈將捐出 10 億港元財產、剛剛逝世的影視巨人邵逸夫，原來生時已先後捐出善款超過 100 億港元，古天樂低調做善事原來在中國已捐建 61 所學校……上述這些消息有個別或者聽來毫無關係，但其實與我的項目卻樣樣串連，息息攸關，也因此有更強的信念，鞭策自己使之完成夙願。

親愛的讀者，謝謝你和我一起分享，這個化平凡為神奇的「截貧制富」計劃。

作者 黃文杰

緣起——一個平凡人的夢想

5

CONTENTS 目錄

第 1 篇

 為善有方，有夢最美

> 社會現象篇

一、為善樂捐是種普遍的風氣

現代人冷漠嗎？現代人都自私嗎？

依我來看，現代人不但不冷漠不自私，事實上，還愛心不落人後。

就先以台灣一地說，當年日本 311 大地震，各國紛紛出錢協助賑災，就中排名第一的就是台灣，捐獻了超過四十億台幣，中國港澳及其它華人地區也貢獻了許多。而過往每當哪個國家發生災情，不論是東南亞海嘯、美國颶風風災，或者非洲大饑荒，也都是各國的民眾慷慨解囊，愛心無國界，捐款踴躍。可以說，在地球這個大世界村裡，愛心是一種普遍的德行，每個事件都展現了人類大愛的溫暖。

而若將眼光放回華人世界內部，不論是中國大陸或者台港澳，也都有許許多多的慈善團體。包含慈濟、紅十字會等宗教或國際性公益組織，自不用說，他們年年行善的經費都是幾億幾十億新台幣計算。就連一般的老百姓，也都以各種方式投入不同的慈善公益，有的是每月定額扣款捐獻，有的是參與刷卡固定成數回饋公益的消費，更多的是，每月幾千幾百，記名甚或匿名的捐款給育幼院、安養院等機構。

我很榮幸身在這樣的世界，這是一個充滿愛心的社會。也因為有這樣的愛心，所以我覺得一個行善的機制是可以落實的。

當然，群眾的參與是需要有人鼓勵的，多年來包含證嚴法師、星雲法師等宗教領袖，他們的號召帶頭行善，並透過

旗下的刊物以及廣大的媒宣力量，宣導鼓勵行善，功德無量。而另一群重要的帶頭者，包含企業家、藝人明星、運動員明星等，他們以其各自領域的感召力，所帶起的公益風氣，亦是功不可沒。

例如曾觸動我心弦的兩大捐獻善行，美國兩大富豪，包含微軟創辦人蓋茨及股神巴菲特等人，近年都積極推廣世界富豪捐獻自己身家作慈善用途，並且以身作則，他們率先發表身故捐款聲明，捐獻的金額不是只有幾千萬幾億，而是全部財產的 99%。

其實外國人是普遍接受家產不留子孫，而改作慈善用途。那華人呢？同樣愛心滿滿，格局恢宏。以香港來說，當地人的善心就很出名，小小彈丸之地每年慈善項目及籌募善款之多，非常驚人，例如香港知名藝人周潤發就公開接受媒體採訪表示，將效法蓋茨和巴菲特，在自己死後把 99% 的財產捐贈給公益事業。而剛剛逝世的亞洲影視巨人邵逸夫先生歷年低調捐助社會公益、慈善事務原來已超過 100 億港元。

在台灣，長榮集團總裁張榮發也表示，看到台灣的窮苦人越來越多，他說身後要把所有的財產都捐給張榮發基金會，不會留給子孫。而華人頂尖企業家郭台銘也公證將捐出 90% 財產！

至於中國的慈善事業，雖然起步慢，但後來居上，出現很多善心的企業家和藝人，例如企業家就有陳光標、馬雲等，至於想為社會貢獻一分力的兩岸三地藝人多不勝數，如李連杰、韓紅、周迅、陳坤、成龍、古天樂、古巨基、呂良

偉、王力宏、徐若瑄及范瑋琪等等。

　　整體來看，外國人的慈善事業早已縱橫許多世紀，生命終結時捐獻自己的家產也是平常事，中國雖有待發展，但後者隨著國力增強及國民富有，慈善事業在世界上的貢獻不容忽視。

　　所以中國人的愛心是沒有問題。比較大的問題，不是有沒有愛心，而是愛心該以怎樣的方式呈現，最有效率最能嘉惠到真正有需要的人。

二、樂捐的錢會往哪兒去？

　　不論是富豪，或者是平民百姓，捐款做善事，都是值得肯定的。從簡單的在路上和行動不便的殘障人士買東西，到參加大型宗教法會或贊募基金，都是立意良善、有心助人的方式。

　　然而，一直以來，捐款做善事一直會碰到一個問題，那就是：錢，往哪兒去了？真的會傳遞到有需要的人手上嗎？

　　最早出現狀況的是街上的捐款。原本路人的愛心，看到路上有身障的小孩或者孤苦無依的老人，他們以行乞或賣玉蘭花的方式，賺取很微薄的每日飯錢。於是路人發揮人類的同情心，捐個百元或幾十元的。但不幸，後來紛紛有消息傳來，許多的乞者背後竟是不法集團操控，本以為好心捐的錢，最後都流入背後的老大口袋裡，只有很少數分給在街上

二、樂捐的錢會往哪兒去？

乞錢的孩童。甚至有好手好腳的人不去工作，卻假扮成殘障人士裝可憐騙取同情。

這樣的事情一次又一次出現，乃至於現代人都已經不敢在路上投錢給那些行乞的人。

街上行善不可放心，後來連大機構也有問題。媒體曾報載幾宗有關捐款沒被善用的醜事。比較好一點的情況是，捐款有實際用在有需要的人身上，只是過程非常沒效率，經過一重一重的管理流程，最後資源沒有善用，或者發生資源分配不平均的狀況。比較糟的狀況則是，捐款根本只有少數流到基金會所號稱的慈善目的上，多數的錢被以行政經費等名目用掉，甚或更糟的，基金會只是個做金錢流動的管道，錢一進去，就被吃掉了。

其實，大部份的公益團體，都是行善的，都是有心要做事的。但只要發生幾件類似這樣資金有問題的事，一竹篙害了捅沉一船人，人們捐款就會遲疑，愛心的付出就會打個問號。

這問題其實是很普遍的。無論全球那個國家、那個色種。如今人類對著慈善事業，都是面臨一個最大難題，那就是善款的「透明度」。

如何落實每分每毫都流入慈善用途！倘若有個機制能有效透明及管制善款，相信世人「放心」捐獻會更多，各地的慈善事業必然可以得到更多資金挹注！

其實即使中國，善心人不限於少少的富豪或明星，有更多的企業家，也都很想要發財立品、行善積福、回饋社會，

奈何社會慈善機制不健全，陷阱處處，既不知從何入手，更擔心善款不善運用，因此，社會上如果可以出現一種全透明慈善機制，每筆善款的出入都公諸於世，管理的人也上下透明，無處不可查，在信心驅使下，中國慈善事業必然蓬勃發展！

三、怎樣的樂捐方式最優

　　若問起，若要您捐錢，您要把錢捐給誰呢？得到的答案，多半是捐給老人、孤苦窮困的人、病童、饑餓的災民等等。也的確，這些人不但是位在社會的最底層，甚至許多，根本連每天活下去都有困難，他們當然必須被救助。

　　只是，這世界存在一個嚴重的問題，那就是貧富差距越來越嚴重，最富的人和最窮的人，差距根本難以比擬。放眼全球，有太多的窮人和不幸的人。如果單以救濟的方式來處理，不但窮困的人太多無法照顧周全，並且這是個長期的問題，今天送窮人家一袋米，明天他們還是繼續窮困。這是個必須從經濟環節整治的大問題，單靠捐錢，不是最佳方案。

　　當今被譽為世界第一大國的強國美國，卻也是「最貧窮的超級大國」。怎麼說？雖然美國的人均家庭收入在全球數一數二，但這收入分布極不平均，最富有的百分之一人口，擁有全國百分之四十的財富。據美國人口普查局所公布的資料顯示，全美有超過四千萬人口收入位於貧困線以下，且這

數字還在增長中。

而身為世界另一個正快速崛起的大國，中國的貧富不均問題也非常嚴重。歷任中共領導階層，在拓展經濟時都面臨著如何化解貧富差距日益擴大的問題。根據 2012 年由中國人民銀行和一所大學共同做的調查顯示，中國大陸前十％最富有家庭的收入，占整體家戶收入的五十七％，而最貧窮的十％的人口所占有的財富僅為一‧四％。

想想看這是多麼的大的差距，可以想像一個畫面。有一個一百坪的大房間，裡頭有一百個人。其中有十個人，占去了將近百分之六十的房間主要空間，吃香喝辣，逍遙快活。其餘的九十人只能在剩下約百分之四十的空間裡活動，更且就中有十個人全部被擠在一坪大小的方格空間裡，行住坐臥都不方便，只能眼巴巴的看著別人幸福快樂。

當這樣的情況發生時，你第一個想到的會發生什麼事，毫無疑問的，包含那十個被擠在一坪大空間的人，以及其它被排斥在百分之六十空間裡的人，都會心存不滿。而這不滿，難道單靠慈善救濟捐些杯水車薪的人就可澆滅嗎？

這其實就是當今世上，不同的國家發生各種社會問題的一個源頭。那些不滿，透過不同管道發洩，總歸一句話，就是「民怨」。比較輕微著社會狀況，就是經常有集會遊行、示威抗議；比較嚴重者，就變成重大衝突事件，乃至發生革命。

例如這幾年來，隨著美國金融風暴席捲全球，引發的全球金融效應，其負面效果讓更多的人生活水平掉到平均值以

下。衍伸的事件，包含歐債危機、中東茉莉花革命、在美國也有占領華爾街的大型衝突等等。而看看華人世界，香港近年都有大大小小的政治爭拗，一些掛著民主口號的人幾乎逢「政府」必反，卻總有不少的市民響應支持。在台灣，人民則早已厭惡兩黨長期為政治爭拗，由於經濟每況愈下，貧富差距愈拉愈大，造成幾乎週週上演的街頭抗爭，香港和台灣的這些「民怨」，其根源同樣是貧者愈貧，內心不平者愈多愈多的緣故。不論是國內或海外的案例，都在告訴世人「物極必反」的真理，當人民感到貧富懸殊，怎樣努力都徒勞的時候，就會累積「怨氣」，產生民粹主義。當各地揭竿而起要求還富於民的聲音響起，自然甘心受那些反政府人士利用，一呼百應，一發不可收拾！歷朝歷代的史實，都在昭示這用血淚寫成的斑斑真理。

　　所以，回到樂捐這個主題上，這世上捐款給弱勢窮困者的機構很多，但窮人是救濟不完的。但有沒有什麼方式，其樂捐不是直接救濟窮人，而是用更大的影響力來幫助到更多的人呢？讓捐款不只是帶來生活的補助，並且也能讓「怨氣」消除。這也是我在思考慈善樂捐模式時的一大考量重點。

四、創造更好的模式，幫助更多的人

　　在慈善界以及教育界，經常聽到的一句話，「與其給他

魚，不如給他釣竿」。這句話用在職訓的領域，就是說與其給失業者救濟金，不如授予他一技之長，讓他可以自謀長遠生計。而同樣的話，用在慈善補助上也是一樣，與其靠捐款提供給窮困者，勉可渡日的生活補貼，不如設法給他們一個謀生的模式，讓他們可以自己站起來，走出窮困。

我心目中最理想的慈善公益模式，就是把資金，以「釣竿」的形式助人，而非直接將「魚」給對方。

只是，我所指的提供「釣竿」，不是說我要創立一個職業技能培訓機構，那部份的領域很多人在做了。我想做的，是一個平台，透過這個平台，我不但要為很多人創造財富，並且，要創造一個長遠運作的機制，擺脫人治的格局，而讓組織自行運作，不論幾十或上百年，都還是可以持續助人，並且透過被幫助的人再去幫助更多的人。

其實，我知道，各個國家的施政者也都知道，幫助人，單用捐款救濟不是良策，而紛紛提出各種其它更具長遠效益的方法。例如中國前總理溫家寶，2012 年到溫州視察，其所提出因應經濟危機的方案，包含提出了協助中小企計畫、打擊房價等等，都是透過「給予釣竿」，或者改善環境等方式，來間接為民眾紓困，而非直接捐錢救難。而各國政府，也都將如何解決「貧者愈貧、富者愈富」的辣手問題，列入施政重點。其方式包含如何引導國民向善積福、鼓勵富者扶貧助弱，但同時也要貧者不棄寒門，積極面對。所有領導人都知道，當貧富不均問題能夠搞定，那整個社會戾氣自然減小，社會少了民怨，國家人民自然安定。

但我和大多數有心助人的一樣，我們畢竟都只是平凡人。有關國家施政的方式，由國家經營團隊來規畫，我們平凡人可以投入的領域，主要仍是慈善事業。政府也知道，所以中國近年來大力提倡慈善事業，比如對著那些時常捐獻社會的企業提供方便和支持等。在台灣，國家對於做慈善公益的企業，也都有一定的稅捐優惠獎勵。

不過以慈善的風氣來說，西方人因投入的較早，我們華人仍有改進空間。例如根據中國社會科學院發布的 2010 年《慈善藍皮書》顯示，2009 年全中國常規性的捐贈量為 332 億美元。同一年，美國即便在受到金融危機嚴重衝擊、慈善捐贈大幅下降的情況下，個人、企業和基金會為慈善目的捐出的資金總額，仍達到了 3037.5 億美元，約為 2 萬億元人民幣。西方和東方的差距這麼大，真讓華人汗顏。

分析中國的慈善事業為什麼比較落後？專家認為有兩個方面的主要原因：其一中國仍是發展中國家，國民對慈善確實「心有餘而力不足」。二是慈善熱情沒有得到充分的發揮，而主要源於透明度不夠，公信力不足。不過慈善事業透明度不夠也是國際通病，中國只是更甚罷了！

但如同前面所說的，與其給人們魚，不如給人們釣竿。捐款金額多寡很重要，但我認為捐款金額如何「應用」更是重要，如果每筆捐款都只是一條一條的「魚」，窮苦家庭吃一餐就沒了，明天仍餓肚子，那沒有意義。但如果每筆捐款都是釣竿，讓被幫助的人，不只今天可以填飽肚子，明天也有辦法填飽肚子；甚至不只讓自己和家人填飽肚子，還可以

讓更多人也受他幫助填飽肚子。那不是更好？

　　身為中國人，我的願景，創造屬於中國的慈善公益新形式，也許短期內，中國慈善樂捐的數字比不上美國，但透過良善的制度，我們樂捐的效果卻可以不輸美國。

　　我的夢想，化為實際的計畫，就是「截貧制富」項目。而重點就是：與其截斷窮根，毋寧多制富人！

Note

四、創造更好的模式，幫助更多的人

第2篇

讓金錢流到有夢想的地方

➤ 理念篇

一、築夢踏實，必先深度考量

這世上許多事，一開始都有著衝突，或者困難、挑戰、瓶頸。但也因為發生了問題，需要去解決，才讓文明日新月異。例如既想看電影，又想躺沙發休息，兩件事衝突，於是發明了家庭劇院式的大螢幕電視。例如需要照明，但又要符合節能減碳，於是一代又一代更環保的電燈泡就被發明出來。

我有一個夢想，就是捐錢去幫助更多的人，但我的夢想，有幾個衝突點：

1. 我想捐錢助人，但我一個人能力有限。

所以我只能像從前一樣，每年小筆的捐款，而無法有更多作為嗎？

☆ 解決方案：

有沒有一個方案，可以號召更多人加入。畢竟有愛心的人社會多的是，那樣，就可以幫助更多的人。

2. 如果只是設個基金會，那又會碰到現代常見的「不透明」問題。

我無法去管理別人的基金會，命令別人的基金會透明。但又不是富人，無法創立自己的基金會，那問題就「無解」了嗎？

☆ 解決方案：

同樣地，我可以號召一群人投入這個基金會。那基金會的基本規則由我創立，從一開頭，就訂定規則，要讓最陽光下資金透明。

3. **我希望幫助人，但不希望只是捐錢，那樣只能治標不能治本。**

這就是所謂「不是給魚，而是給釣竿」。但我本身不是政府單位，我怎麼給人釣竿？身為一個平民，我力量有限如何幫助更多人擁有釣竿？

☆ 解決方案：

我所號召的基金會，不是普通的以捐錢救助形式發展的基金會，而必須是以「提昇能力」為主的基金會。

4. **就算集合成千上萬人力量也有限，最後似乎仍脫離不了「捐款」助人模式。**

如果我以理念得到很多人認同，假定匯集很多資金，最後資金如何運用，除了捐錢，還有什麼方法？

☆ 解決方案：

要幫助這社會，重點不是只捐錢給窮人，而是要改善這社會。要改善這社會，最佳的方案，就是創造很多的「有能力」的人，也就是多制富人！由這些有能力的人，透過提昇經濟、創造就業等方式，再去幫助更多的人。如此，這個基金會的影響力自然大增。

5. 人心是最難掌控的，今天你扶助一個人，給他釣竿讓他
   有成就，但你如何確定他發達後，可以繼續認同你理
   念，落實社會公益？

   畢竟，以「人幫人」的基本立意做的規畫，重點就在一
   個一個的人，但若這些人後來思想行為變質了，那原本
   再好的計畫，不就也一起變質，無法實現？

☆ 解決方案：

   所以，整套系統，要有環環相扣的監督體系，並且透過大
   眾輿論的力量，讓參與的人確實遵守。

   綜合以上的問題，我整理出如下的思維，以及整合出的
五元素：

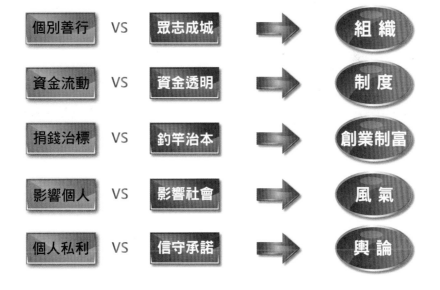

個別善行　VS　眾志成城　➡　組織

資金流動　VS　資金透明　➡　制度

捐錢治標　VS　釣竿治本　➡　創業制富

影響個人　VS　影響社會　➡　風氣

個人私利　VS　信守承諾　➡　輿論

一、築夢踏實，必先深度考量

於是，我找出解決我問題方案的五重點元素：<u>組織、制度、創業、風氣，及輿論。</u>

為了有效運用善的力量，一定要成立組織

為了要落實信任及管理，必須要建立制度

為了不只治標也要治本，最好方式是制富

為了加深長遠深入影響，就營造正面風氣

為了確保系統良好運作，那就靠輿論監督

在整合了各項衝突，及做出解決方案思維後，我終於歸納整理出一個整套的計畫。每個單一計畫，都無法完整實現終極助人的目標，惟有將三者同時整合，環環相扣，才能克盡全功。這就是「截貧制富」計劃。先以下圖說明其目標概念：

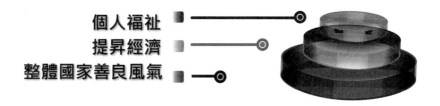

個人福祉
提昇經濟
整體國家善良風氣

☆ 個人福祉

我們整體的計畫，最終目的，仍是要幫助每一個個人，只是，過往慈善救濟的方式，是以直接捐款給窮困或弱勢的人。但我們的方式，是間接的幫助，並且我們的效果更長遠，更有效。因為我們的計畫，是提昇更多可以「幫助人的

人」，並且產生增生效應，一個可以幫助人的人，再衍伸出
更多可以幫助人的人。以圖形表示：

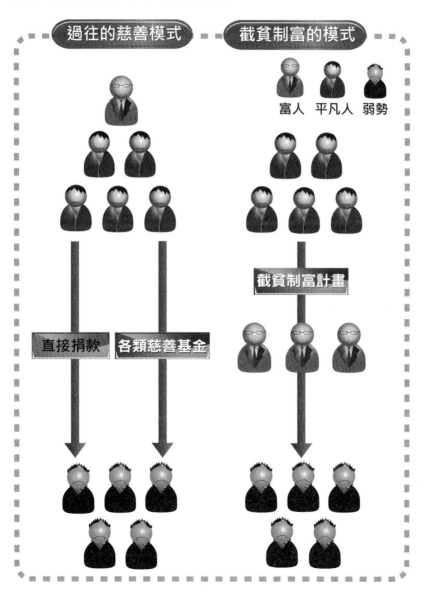

☆ 提昇經濟

我們了解一個社會的富裕，來自於好的政治社會環境基礎。當有能力的人，能夠憑實力，為自己和社會創造更多的財富，而整個社會又鼓勵更多這樣有能力的人時，那整個社會就會富裕，也就是整體經濟有了提昇。

我們希望把輔助的目標，聚焦在提昇「有能力的人」，簡言之，就是聚焦在有實力，可以「創業」的人。並且這些人的影響，第一，他們本是平凡人，有夢想沒財力，我們輔助他們成為「有夢想也有財力」的人後，他們自然有能力去幫助更多的人。第二，我們讓這樣的人加入我們的體系，透過輿論監督，讓他們持續的去影響扶植，去創造更多「有夢想也有財力」的人。

其將帶動更多人的福祉，但其過程也提昇了國家的整體經濟。正所謂創造多贏的局面。

☆ 振興國家整體社會風氣

在古時候封建制度的時代，因為有階級之分，貴族一出生就是貴族，平民賤民一出生就註定是平民賤民，不論能力再好，一輩子也不會有翻身機會。所以最後往往暴發衝突。

現代世界各國，已經很少有絕對的階級制度國家，但卻有著另一種形式的不公平，那就是因著社會制度的限制，富有的人經常結合政商力量，讓自己更富有，相對的，中產階級以下的人，永遠因為資源有限，難以變成富翁。長期下來造成貧富差距越來越大，產生民怨，這就是社會不安的根

源。

「截貧制富」的計畫，透過組織＋系統＋輿論的力量，創建一個讓有能力者可以變有錢人的機會，一方面讓他們有能力將來去幫助更多人，一方面這個過程中，也讓原本的民怨有了紓解的管道，而提振社會風氣。

二、創建環環相扣的三大體系

綜合以上整體思維與分析，並參考了世界各國的制度，我發展出世界首創的「截貧制富」三核心計畫。

所謂三核心，分別是：電視節目「截貧制富」、獎金系統「恩基金」和會員體系「恩商會」三項核心個體，而且他們彼此環環相扣，相輔相成。

三核心計畫，以「截貧制富」為主，進而衍伸出「恩基金」，以及「恩商會」。

其整體運作方式，簡單的說「截貧制富」電視節目是個

商業競賽選拔節目，其參加者及每集當選者，都是有夢想有能力可以創業對促進經濟有幫助的人，透過這個節目，每集都會產生「勝利者」。由於節目在舉辦活動伊始，就已經制定遊戲規則，要參賽的人都必須遵守，並且簽定合約，所以這些「勝利者」就自動成為「恩商會」的基本會員。

「恩商會」所屬會員的基本職責就是有義務管理自己及外來的捐獻，將資金投入到「恩基金」，並設法讓這筆基金愈來愈多，而「恩基金」的用途，除了持續提供做為「截貧制富」電視節目的獎金 （也就是投資「勝利者」創業的獎金），並且隨著金額的擴大，並拓展到其它用途，主要是補助其它有夢的參選者 （每集參賽者假設有十名，其中只有三名勝利者，但其餘七名仍保有參選者的資格，當「恩基金」足夠時，獎金就可補助這些參選者）。

三核心的每個環節，都有詳細的作業辦法和規範。這裡先述說，三核心彼此的互動關聯。

以前面提到的五重點元素來說：<u>組織、制度、創業、風氣，及輿論。</u>

☆ 截貧制富：代表鼓勵創業，及輿論監督
☆ 恩商會：代表成立組織，及正面風氣
☆ 恩基金：代表整套可長可久的金流制度

三核心的關係，以中短期來看：

☆ 截貧制富

這是整個計畫的源頭，代表著三個最重要資源的募集，亦即：

人力：本計畫最重要就是開發及輔導人才，讓有能力的成為富人。

資金：推行計畫要有錢，本節目成為一個基本的募資中心。

輿論：這是本計畫有別於其它慈善計畫的一大重點，那就是「截貧制富」計畫，一開頭就是公開在媒體讓大家參與，並且後續也由媒體和輿論持續監督。

☆ 恩商會

有了節目，就開始每集每集帶來「有能力的人」，這些人在參加節目時就已經同時承諾成為「恩商會」的當然會員。加入「恩商會」，代表：

* 接受「恩商會」（及輿論）管理，將當初提出的創業夢想落實。

* 按照規定，無論賺多少錢，「終生」都要依一定比例捐增回饋「恩基金」。

* 成為「恩商會」的人，一方面要創業提昇經濟，一方面要成為栽培其它創業者的人，讓「恩商會」的制度天長地久。

☆ 恩基金

整個計畫的目的，就是要創造財富，提昇經濟，培養更

多人才,然後再持續回饋創造財富,提昇經濟。而就中運作的關鍵,仍需要資金。這些資金的管理就是透過「恩基金」。

三核心的關係,以長期來看:

隨著整個「截貧制富」的觀念,逐漸落實,長遠來看,節目要達到輿論監督的觀念已經達到。由於世界上很少有一個節目,可以播十幾二十年都不結束,所以節目不一定永遠存續。但重點是「截貧制富」的觀念流傳。

其形式可以如下：

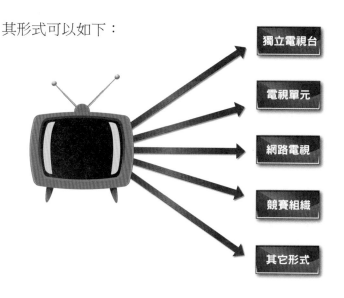

而隨著整個組織的擴大，「恩商會」和「恩基金」的規模也將擴大。伴隨著擴大的組織，可以在不違反最初宗旨的前提下，將組織擴展成更多元的形式。

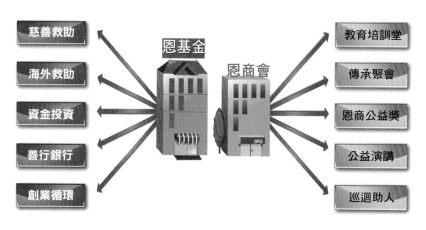

二、創建環環相扣的三大體系

31

三、打造多贏的圓滿制度

任何事業的運作，都離不開三大關鍵，亦即人、錢及制度。這也是許多慈善機構，或善行事業不夠完美，甚或被人垢病的主因：

一、人的因素：

☆ 有好的夢想，但沒人執行

最常見的情況，是老闆一人有夢，但找不到能執行的人，於是老闆一人身兼多職，最後通常是累倒，整個計畫也垮掉。

☆ 遇人不淑，或別有居心

例如：碰到經營者能力太差，那一個基金會就會運作沒效率，若碰到別有居心者，那更會有捲款潛逃，或假借名目中飽私囊。

☆ 流動率太高，工作無法順暢

許多的基金會，可能因為公益性質，除了志工外，正職者薪資很少。其造成人員經常性流動，計畫運作沒法連貫。

二、錢的因素：

☆ 資金召募不易

若因經營者能幹，或許可以募到很多款，但換另一個經營者，可能募不到款。對組織來說，則是經常處於資金來源不安穩的狀態。

☆ 資金被固定財團把持

有的基金會可能有固定資金來源，但卻失去了自主性，淪為某個財團節稅，甚至從事非法勾當的工具。

☆ 錢的使用更是一大問題

有的是要透過繁複流程，資金使用不便。有的資金流向管理沒有嚴格監控，分配不公。

三、制度的因素：

☆ 太強調人治，而非透過制度

當一個計畫或企業，只因某個特定的人而存在，好比說有些大事業集團有著精明能幹的創辦人，但一旦創辦人過世，公司往往迅速變弱。

☆ 沒規範可循

今天碰到某種狀況，處置方式是這樣，但明天碰到另一種類似狀況，處置可能又不同。因規範不明，從事的人也無所遵循的依歸。

「截貧制富」三核心計畫可以擁有完美的<u>人、錢、制度</u>，可以長久運作。

一、如何破除有關人的因素方面的問題：

人的問題，主要分成三點：能力 + 品格 + 適性

三、打造多贏的圓滿制度

☆ 能力

以本計畫最終的目的，要提昇經濟，帶來更多人財富來說。我們需要找的人是有能力，可以創造經濟收益的人。以社會的標準來看，就是要找一個有夢想可以創業的人。

這種有夢想創業又願意參與我們的計劃的人也許不會很多，也許百個人中只有一位，但即便如此，百個人中有一位，一萬人中就一百位，百萬人中就一萬位，一千萬人中就有十萬位。那數字也可能更高，何況人會世代傳承，一代又一代，還會有新的能人出來。

所以人才不是問題。問題是人才怎麼齊聚到「截貧制富」的計畫。一般來說，當一個人有夢想也有實力，其可能的發展有以下五種：

★ 第一種：

運氣最好的，家人或親友有錢贊助協助成立夢想。

★ 第二種：

透過創業企劃，成功募得資金或得到青創貸款等的補助。

★ 第三種：

有能力沒財力，不得已將夢想轉給其他企業，後者形成壟斷。

★ 第四種：

有能力沒財力，不創業但以上班族的身分在企業界爬升，當到高階主管，在工作中或多或少將夢想導入企業裡。

★ 第五種：

也是最常見的一種，就是夢想只留在心底，迫於經濟現況，只為謀生計工作，夢想終生不會實現。

除了第一種和第二種外，其他三種都是有夢想，但無法完全落實。而就算是第一種，和第二種，也許當事人實現夢想了，但他們夢想和整個社會有沒有更深厚關係，那又不一定了。

「截貧制富」計畫，讓有夢想的人，得以被看見。由整體計畫出資，來協助他圓夢。而由於「截貧制富」最終的目的，還是要幫助人，所以凡加入本計畫的人，在夢想實現後，一定要回饋社會。因此，透過本計畫既可找到有能力的人，又保證他們的能力，最終可以對社會有貢獻。

☆ 品格

這也是本計畫有別於其他慈善計畫或政府補助專案的重點。以政府專案來說，不論是青年創業貸款，或者各項經濟部文化部等的獎勵事業專案，其主要評估的方式，都是看計畫書，以及簡報。但充其量，計畫書可以看出一個人有沒有夢想，但看不出他有沒有實踐能力，更看不出其有沒有人品問題。

但「截貧制富」計畫，一開始就選定製作電視節目做為平台。一方面透過電視，以公開的方式，讓想參加者的能力無可遁形，包含夢想的可落實性，提出夢想的人的品性，乃至於這個人適不適合投入本計畫，都可以看出。

三、打造多贏的圓滿制度

不同於一般貸款或經費補助，僅採用簡報及評審評分的方式。「截貧制富」計畫，從節目前的訪問、視察，到正式上節目時眾多鏡頭對著參賽者的檢視考核，乃至脫穎而出的參賽者（也就是勝利者），都持續要受到媒體監督。

　　過程中，從一個人的講話態度，講話眼神以及節目中透過採訪親友等等，雖不能百分百保證找到的人完全沒問題，但機率已經比起各項其它評核機制要高得多。何況，有著全民的監督，一個人要公開說謊做假，難度也大為提高。

　　☆ 適性

　　這點非常的重要。很多事是沒有對錯，重點在於適不適合。就好比一個很會算術的人，不去當會計，卻去當維修工；或者不擅講話卻很會寫作的人，卻硬要派去做講師，其不一定會表現不好，但總是浪費了原來的天賦。

　　「截貧制富」計畫，從節目從尋人開始，就告知欲參賽者，整個計畫的目標以及規範，必須要百分百認同的人才可加入。也就是說，凡加入者，一定是適合「截貧制富」宗旨，願意配合規定，將賺到的錢貢獻一定比例給社會的人。

二、如何破除有關錢的因素方面的問題：

　　其實，這也是本計畫提出來最重要的背景因素之一。也就是說，若我本身是個家財萬貫的人，那也許我就不會去想到這計畫，就是因為計畫的推展需要資金，所以才構思出此整個計畫架構。

　　但一旦構思出來後，就發現，就算我本身是個億萬富翁，這個計畫也必須公開提出。原因有三：

　　第一、如果這計畫都是由一人或一家公司掌控，那勢將失去其公信力。若然，這樣的組織也就無法長久。

　　第二、我原始的構思，也是希望眾人可以參與，若由我一人出資，那就失去了這樣的意義。

　　第三、也是最重要的一點，我希望這個三核心計畫的資金，不但可以長久，並且有一個內控的資金管理制度，而其最主要的精神之一，就是「取之於社會，用之於社會」。節目參賽者的資金來自社會的捐助，當他成為勝利者且創業成功後，也將投入一定比例的資金，回饋給這社會，幫助更多像他一樣的人。

　　因此本計畫有關錢的運作，在來源和用途上，分別有五大重點：

三、打造多贏的圓滿制度

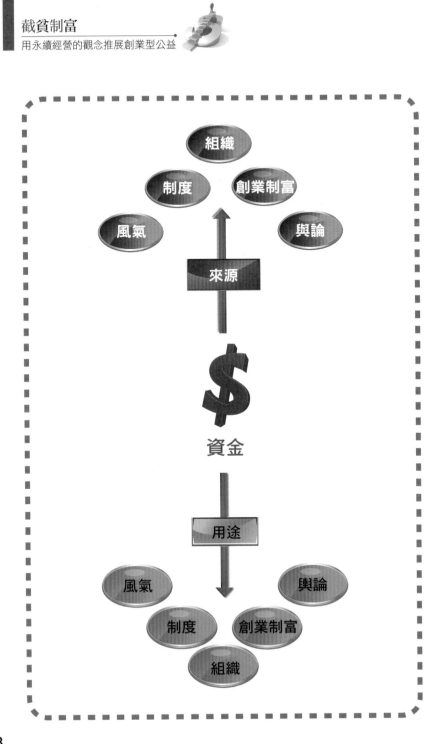

三、如何破除有關制度的因素方面的問題：

對於制度的運作，一般來說，會有三個疑惑。

第一、當創辦人去世，或經營者換人，那制度還會一樣嗎？

☆ 解答：

為了減少人治大過制度的困擾，所以本計畫一開頭就透過電視媒體運作，由全民當監督人。我雖是本計畫的提出者，但並不是擔任計畫的掌舵人，更不是主持人。因此本計畫沒有人治問題。從一開始就進入制度化。

第二、這套制度，會因時間的變遷而變質嗎？

☆ 解答：

本計畫因為考量到長遠的發展性，所以建立三核心制度。

透過「恩商會」和「恩基金」，雙重的制度管理監督，且每個參賽者，都已簽署同意書一旦加入活動，就直接認同本套制度。更重要的，整體運作除了有專業的管理監督者外，最大的監督者其實是全民。所以是可以長久成永恆的制度。

第三、這套制度，有局限性嗎？若在他國適用嗎？

☆ 解答：

本套制度的基本精神，取之於社會，用之於社會。

參賽者一開始從社會取得資金，最終大部份的金錢有都要回饋給社會。這樣的制度，適用在不同的國家，任何地區，只要有人才需要培育，只要有需要社會公益。都可以運用本制度。

整個計劃可以創造多贏：

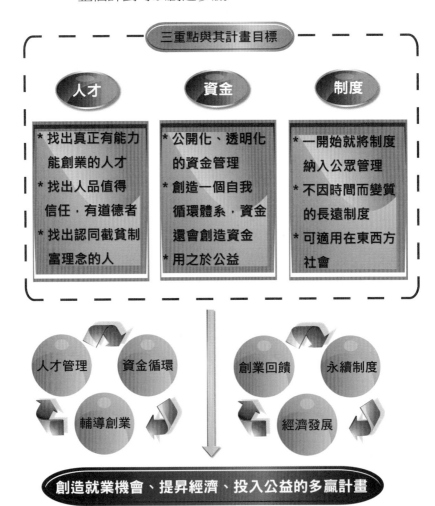

Note

三、打造多贏的圓滿制度

第 3 篇

截貧制富，全民共襄盛舉

> ▶ 節目篇

「截貧制富」整體項目三項核心：

1. 劃時代電視節目「截貧制富」，節目集商業策略、社會倫理與人格考驗於一身。

2. 劃時代成立「恩基金」，史上最源源不絕，生生不息，不求捐獻的基金。

3. 劃時代成立「恩商會」，史上最齊心協力，會員出身最相近的商會。

古代有刼富濟貧，我們則「截貧制富」我們節目名稱定名為「截貧制富」，一方面取其成語同音但反義令人一聽難忘，另方面也開門見山，直接告訴觀眾我們的確「截貧」及「制富」！

一、第一核心：截貧制富節目計畫

一、整體概念：

選秀（挑出優勝者類型的節目）有很多種方式，我們在此提出的方案，是以選創業人才為主軸。簡單來說，就是透過本節目，由製作團隊，透過徵選或主動報名的方式，在全國評選出有夢想有能力及有品格的創業人才。這樣的節目以每周一集的形式播出，每集徵選十人（暫設十人，視乎各地電視台的考量）參賽，每次選出三個勝利者。

勝利者就會自動加入「恩商會」，開始執行「截貧制富」計畫。

　　乍聽之下，這活動，似乎和慈善公益人扯不上關係。而且以創業為主題辦的選秀，國際上也有類似節目。不過，據我所知類似這些節目似乎多以口才或臨場表現論英雄，而且毫無延續性，造到薪火相傳的效果。但在此，我們要強調的三點特色，這就是「截貧制富」的宗旨，以及其要達到的目標！

　　<u>1. 選秀看的是未來，而不是選過就算</u>

　　當今世界，包含中台港三地，每年都有各種選秀比賽。但這類「活動」，主要是提供給許多有才藝的人一個展現自己的機會，若時機配合，甚至還有機會飛上枝頭，進入名利雙收的演藝圈。

　　但那是演藝圈，我們則是找創業人才。因此我們的選秀不只看的是過程，也不只到選出前三名後，節目就結束。相反地，選秀完後，計畫才開始進行，那些節目的優勝者要正式把夢想落實，並接受整體計畫監督。

　　此外，在中國大陸一地，最近得知也有《贏在中國》類似的創業節目，而在香港，在創作此書時也聽聞曾志偉正與無線合作一年輕人創業節目，節目致力鼓勵參加者開創個人事業，更有機會獲得「起步基金」。不過，隨著宗旨不同，他們評審的角度可能只著重參加者的商業方案特色，而我們就更注重參加者的品格，同時他們著重是節目可觀性，季度

性質的節目完了就沒了，而我們就更注重最終的效果，利用有效的制度使之永恆生生不息。還有，他們會以名次為主力，重視的是選出排名。但我們重點是找到更多願意為這社會付出的人，所以我們並無名次之分。其主要原因，第一，加入「恩商會」的會員是終身長途的奮鬥，過程中就是不斷努力，所以沒有什麼排名，也不曉得誰最後貢獻最大。第二，節目選出的人加入「恩商會」會員，我們只要求他們彼此如兄弟姐妹般，根本不會高低之分，只會互相幫助。

2. 選秀不只選出能力，並且很重視品德

大部份選秀節目，看的都是才藝，其無關道德，畢竟，有些藝人私生活本身不檢點，但只要不太誇張，也不至於影響其演藝生涯。然而「截貧制富」節目是完全不同的，雖然同樣是透過電視節目讓大家收看，過程中要檢視參賽者的夢想以及執行力，但其實節目製作團隊也會安排專業評審，早在評選正式上電視前，他們就先在場外和欲參賽者有所互動，包括和他們聊天，和他們做各種交流觀察反應，以及很重要的，項目的記者團隊會率先訪問他們的家人朋友。

可以說，被選為十名參賽者之一的人，本身在事前就已經經過一次品格檢驗了，包含是不是做事沒信用、有沒有不良嗜好、有沒有品行方面的不佳紀錄，或者有什麼負面人格特質，都經過檢視。

並且一旦上節目，也還會經過評審的評比，在審核計畫時，透過參賽者的談吐，以及機智問答等，檢視人品。

一、第一核心：截貧制富節目計畫

3. 選秀是終身參與，不是一場表演

在一般的選秀，或比賽性質節目，通常表演者或參賽者，辛苦到最後，於節目中得獎，然後一切辛苦有了代價，在又哭又笑中，光榮抱著獎離開。這樣的選秀，參賽者為的是追求那個榮譽，也或者是想體驗一次參賽的經歷，來豐富人生。但無論何者，都和「截貧制富」節目選秀，有非常大的差別。

比較上，參與「截貧制富」節目是非常嚴肅的事，因為其不是一次比賽，而是一個終身承諾。參與者要簽約，遵守規範，當成為勝利者，要在全國民眾面前公開宣誓，其「一生」的收入，有一定的百分比，都要捐到「恩基金」來。

這是個甚至比結婚還嚴肅的承諾，因為結婚的人，也許會後來選擇離婚。但一旦參加「截貧制富」節目，就要終身奉行你的承諾。

二、節目介紹

劃時代電視節目「截貧制富」，應是華人世界的一大創舉，將來也希望成為華人之光，讓西方人來向東方買版權。這個節目集商業策略、社會倫理與人格考驗於一身，參賽者由全國海選。每集從十位參賽者，選出三名勝利者，可以得到創業資金，實現夢想。

1. 資格介紹

a. 參加者不限性別、不分行業

現代社會早已男女平等，且行行出狀元。所以不論男生女生，只要有夢想，而且提出具體可行計畫，那不論是投入哪一行創業，皆可以參賽。

b. 年齡20-50歲

這裡必須說明的，並不是本計畫有年齡岐視。或設定年齡上限，主要還是因為「截貧制富」的計畫目標，是要創業回饋社會。我們都知道，創業不是一年兩年可成的事，其需要投入時間精力，以節目立場來說，我們當然以投資青壯年為主力，為的是他們將用一生來回饋幫助更多需要幫助的人。一個五十歲開始創業的人，當然也可以成功，這世界多的是五十歲上以成功的例子，但其就不適用本專案。

c. 需清貧人士

這也是「截貧制富」計畫的一大重點，我們原始初衷就是要幫助人，獎助的對象是那些有能力但沒資金的人。如果你有一定資金，那我們會鼓勵你創業成功，但你不是屬於我們節目的人，因為資源有限，我們必須把資金優先投注給有夢想但沒財力的人。

d. 需有提名人

參與「截貧制富」計畫，是件嚴肅的事，其必須在全國觀眾前出場，並且用一生來實現夢想，受大家檢驗。由於中台港各地人口不少，我們要把機會給更嚴格篩選過的對象。所以規定要有提名人，當然，該提名人本身不一定有顯赫的社經地位，但一定要令人信賴，比如參賽者的學校老師等等，有足夠公信力證明參賽者是很優秀，足以擔任參賽者。

一、第一核心：截貧制富節目計畫

47

2. 審核方式

先以流程分，可以分成三個階段：

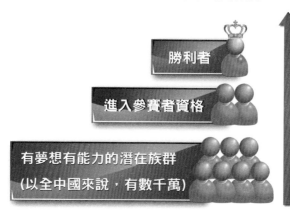

* 成為勝利者變成恩商會會員

* 每集十個參賽者（暫設），一集選出三名勝利者

* 透過報名以及專業人員搜尋方式，在全國中找出可以參賽的人

☆ 第一階段：從全國範圍中，挑選出有參賽者資格者，由於一週僅一集，每集僅十人，一年也只有約 520 員因此競爭激烈。

☆ 第二階段：每集十人中挑選三人，並且這十人本身都已是經過嚴格挑選出來的，要再從中脫穎而出，只有約三分之一機率。

☆ 第三階段：每集誕生三位勝利者，一年有約 156 位。

三階段的審核重點：

☆ 第一階段：甄選階段，重點在找出真正在能力、品格及適性方面可以符合「截貧制富」計畫者。

其人才來源，主要有三，即自行報名、地方推薦以及人

員甄選。

　★自行報名：隨著節目的越來越熱門，未來自行報名的人肯定會急遽增長。要想成為參賽者，那麼自行報名者必須努力證明自己有實力可以參加。

能　力	提交一套自己打算做的生意（生意種類及大小不限，當中也包括自己的發明或改裝新產品）與及獨特經營理念，也就是要說服評審為何選擇自己，這當中包括證明自己打算做的生意會容易成功。
品　格	提出自己品格的優勢，例如樂於助人和行善實蹟等等。也需保證一當成功後，其將來會樂於捐獻。
適　性	表明自己將來願意全心遵守「截貧制富」的規範。

　★地方推薦：包括來自校園、基金會、工商協會或者鄉鎮地方組織，都可以推薦在地的優秀人才，其形式主要有兩種。

　第一：純粹舉薦所屬單位有能力有夢想的優秀人才。

　第二：不以個人名義而是以兩人以上合組的新公司參加，並派出代表來參與活動。但其整體仍需符合參賽者必須本身清貧，且公司本身有資金需求，將來若成為勝利者，公司也將列入「截貧制富」計畫監督。

★人員甄選：初期的甄選，特別是在節目剛推出，尚未
形成風潮前，由節目製作單位結合專家學者，主動在地方發
掘人才。之後隨著節目本身受到全國民眾認同，甄選的比例
將減少，而改為在地視察，例如：：前述地方推薦的人才，
那專案人員必須赴在地去親自瞭解。

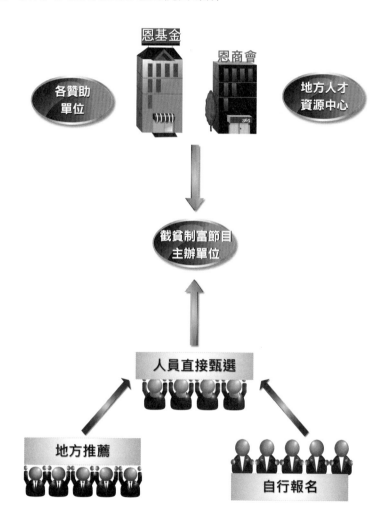

☆ 第二階段：競賽階段，重點在建立第一期的「恩商會」團隊。

每集十人中，有三位勝利者，但其餘七位也被列入候補。隨著節目的經費增長，以及曾有的勝利者加入回饋行列後，將有更多資金，彼時原先被列入候補者，也得以加入「恩商會」，也就是一樣得「恩商會」的資助創業，而他們的地位和承諾的責任跟一般勝利者無異。

本階段亦是節目的重心，評審團分兩大部份，一部份是現場的專業評審團隊，另一部份就是全國的觀賞民眾。評審的重點，仍然是：

能力＋品格＋適性

只是因應節目的多樣性，內容將依製作單位安排，但基本項目仍包含自己創業的方案陳述、機智問答、人格考驗等等。

☆ 第三階段：「恩商會」階段：

即便成為勝利者，加入「恩商會」，並不代表審核結束。相反地，這時候的審核才開始，包括專業人士以及全國民眾，都會長期督促勝利者化夢想為實際。而「截貧制富」節目，將來也會設立「恩商會」成員成就專訪，或者另闢新節目報導「恩商會」成員成就等等。

三、勝利者的許諾

「截貧制富」節目和其它選秀或競賽節目很大的不

同，一般這類節目在最後勝利者出爐就是頒獎及得獎者發表感言。但本節目的勝利者產生後，活動的另一個高潮才要開始——勝利者必須在全國民眾面前，公開做下宣誓。並在「恩商會」的義務會計師團代表及義務律師團代表及在現場及電視觀眾面前見證下分別簽下終生財產審計合約和終生良心合約，前者是承諾終生的生意做帳、收支、固定或流動資產等等的審計必需由「恩商會」的義務會計師團所管轄，而後者是承諾終生受合約的指定捐獻多少回饋「恩基金」。

節目中會安排三種選項，讓勝利者挑選，三種選項代表三種級別的獎金，獎金愈大承諾也必須變大。對於勝利者來說，其將面臨考量，以資金面來說，當然可以拿到愈多的資金愈好，但以未來分配來說，其要捐出家產的百分比也要增加。三種選項（以下謹為舉例）：

（金額，以台幣為範例，因應不同幣值再依此類推）

選　項	獎　金	承　諾
1	200萬	捐獻50%家產
2	150萬	捐獻40%家產
3	100萬	捐獻30%家產

有關財產捐獻，這裡不是指現有財產，也不是單指接受「截貧制富」計畫輔助的企業營收的資產。而是指勝利者

「這整個人的一生」將來所有的財產。所以這是很嚴肅的承諾。

　　整個節目的進行方式，就是每集選出 3 名「勝利者」，每名勝利者都可選擇要取創業基金 100 萬台幣、150 萬台幣還是 200 萬台幣，無論選擇多少創業基金勝利者都要當場在義務律師下簽署一份「終生良心合約」，選擇領取 100 萬台幣創業者，合約中列明終生最少 30% 家產捐獻給「恩基金」，選擇領取 150 萬台幣創業者，合約中列明終生最少 40% 家產捐獻給「恩基金」，選擇領取 200 萬台幣創業者，合約中列明終生最少 50% 家產捐獻給「恩基金」。

　　有關「恩基金」的其它規範，將在後續章節中介紹。

二、截貧制富節目的理念與分析

　　在介紹了「截貧制富」節目後，在此要對整個節目的理念做補充說明。

一、這是個全民監督的節目

　　我在推展這個計畫的時候，會將製作節目做為整個計畫的核心。不僅僅是因為有節目做中心，可以有個吸納人才，匯整評核的主體，並且有主體計畫可以做為初步資金召募的根源。更重要的，是邀請全國民眾一起參與，一方面共襄盛舉，為參賽者加油，一方面也等於是一個超然的監督者，

當一個參賽者公開在全國人面前許下承諾，其之後想要怠墮或反悔，都將受到國人的譴責。這樣的壓力，會促使參賽者真的努力從事，落實夢想，加速事業的實現，並帶來經濟成長。

特別要說明的，所謂監督，不是單指當天有看節目的人，而是範圍更廣的影響力。以如今網路普及來說，一個節目除了在電視播放外，也將在網路平台展現。而透過網路，不僅可以看到今天的節目，而是可以看到「歷屆」的節目。上述特色能令獨立網站吸引萬千網民收看外，網站更會全面追蹤那些節目中的勝利者的經營狀況，他們哪些成功？為何成功？哪些失敗？為何失敗？以及會員發表經營後的難處、心得、喜悅，足令好奇或有心創業的網民收看。

二、這是個全方位的媒體體系

以勝利者來說，其將進入創業打拼階段，而以節目來說，也將進入更豐富多元的階段。

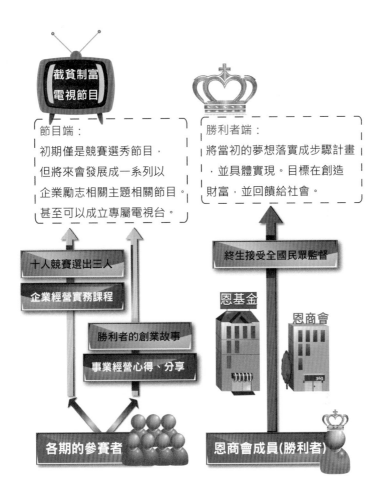

「截貧制富」節目，有四個很重要也很正面的特色，在此做進一步說明：

第一，這是個以回饋社會為主題的節目

以競選主角來說，本節目的主角是「創業者」，這樣的節目不是沒有，像前述即使有都是以口才或臨場表現論英

雄，而且毫無延續性，造到薪火相傳的效果。此外，節目勝出的創業者因明白到任重道遠，他會自然有使命感，比一段的創業者更小心和努力經營，視一生做「回饋」企業為目標，從而清晰地積極地面對人生。

第二、這是個真正參與實踐的節目

現代社會一般的節目，都是娛樂休閒性為主，至於社教及新聞類節目，雖然很多都是報導正面的理念及新知，但節目的角色仍是「報導者」、「傳達者」，節目一般都只做為客觀的第三者，不負責節目報導內容後續的實務發展。相較來說，本節目是整體回饋社會計畫的一部份，不但報導，並且是實際參與，終生輔導及追蹤創業者。

第三、這是個全民見證承諾的節目

節目本身的進行，非常有吸引力。但最大的吸睛點，肯定是最後勝利者選出來之後，全國觀眾將一起看著，勝利者如何做抉擇。最有趣的是史上沒有一個獎金節目勝利者會捨棄「多獎金」而選擇「少獎金」，但本節目卻有可能。一個勝利者，有可能在 200 萬台幣、150 萬台幣、100 萬台幣三種選項中，選取的是 100 萬台幣，而非 200 萬台幣。

第四、這是個促進正面思維的節目

以創業競賽為主題，這本身就對社會有正面刺激。但本節目不僅如此，除了在將來節目系列中，會分享創業心路歷

程，及專業心得外。在過程中，也充滿哲思，讓觀眾可以深入做思維。好比說，假如你是勝利者，你會選獎金多義務也多還是獎金少義務也少呢？選「多」或「少」都會影響終生的「義務」，但另一個思維是，選少不一定代表那個人不願意負義務，相反地，可能該勝利者的想法，是覺得要對大家負責，所以不敢許下太大的承諾。而選擇「多獎金」也不代表那個人貪心，而應該是該勝利者想要承擔更大責任，他願以大獎金大目標來做為期許。凡此種種，當觀眾假定自己是勝利者時，投入思維，就會有所省思。

此外，這個節目雖然主題不是娛樂性質，但不代表觀影人數會少。因為本節目有長期延伸性，隨著時間過去，節目會一直追蹤那些勝利者的經營狀況，他們那些成功？為何成功？那些失敗？為何失敗？而最重要節目每集中每個參加者都會發表自己個人獨特經營之道，無論好懷都可給世人作參考之用，這些都絕對吸引觀眾追看。

三、截貧制富電視節目策劃方案

一、基本說明

1. 節目內每位參加者都有一套不同的市場策略，無論屬好屬壞，都有其可觀性，能讓每位觀眾及未來參加者、未來一般創業者都上了寶貴一課，使節目有一定的吸引力，而且

理論和實踐是兩回事，當節目中期開始加播追蹤創業者的成敗個案報導，更具收看價值。

2. 由於節目中期開始加播追蹤創業者的成敗個案報導，而且一旦成功，肯定影響世界東施效顰，當時間愈久，創業者和經營店就愈多，此時有一獨立頻道綜合報導（包括選取世界其他地方成功個案報導），效果更好。

3. 這個世界很多人都屬邊緣人：胸懷大志卻懷才不遇！這些人極可能近朱者赤，近墨者黑，所謂一念天堂，一念地獄，僅一線之差，如果我們都能及早「提攜」這班後人，必為社會帶來福祉和正果！

4. 如果此計畫及節目能夠持之以恆，不旦不斷地能夠燃點清貧而有志之士的希望，也能從小就給千千萬萬的貧苦小孩的希望，令到這一群人從小就奠定自己的目標和培育自己的興趣，有充足的時間為自己創業（上此節目）而準備！

二、節目定位及內容

在「截貧制富」電視節目中，會集商業策略、社會倫理與人格考驗一身。節目會全國各地海選，參加者不限性別、不分行業，年齡 20-50 歲，需清貧人士，需有提名人，要自己親自尋找身邊人士（不需用富人）證明自己品格，比如樂於助人和行善等等。此外當然提交一套自己打算做的生意（生意種類及大小不限，當中也包括自己的發明或改裝新產品）與及獨特經營理念，也就是要說服評審為何選擇自己，這當中包括證明自己打算做的生意會容易成功，與及成功後

又樂於捐獻不後悔等方面。節目每周一集，每集共選出 3+1 名「勝利者」，每名勝出者都可選擇要取創業基金新台幣 100 萬、150 萬還是 200 萬，無論選擇多少創業基金，勝出者都要當場在義務會計師及義務律師簽下終生財產審計合約和終生良心合約，前者是承諾終生的生意做帳、收支、固定或流動資產等等的審計必需由「恩商會」的義務會計師團所管轄，選擇領取 100 萬創業者，合約中列明終生最少 30% 家產捐獻給「恩基金」，選擇領取 150 萬創業者，合約中列明終生最少 40% 家產捐獻給「恩基金」，選擇領取 200 萬創業者，合約中列明終生最少 50% 家產捐獻給「恩基金」。

有關家產捐獻在此要進一步說明：

1. 勝出者創業後可允許留 20% 屬私人資產，80% 則公開在「恩基金」獨立網站中透明公報於世，但「百年歸老」後不受此限，列明多少百分比捐獻給基金的也包含上述所有私人資產。

2. 前述外國人當生命終結時捐獻自己的家產也是平常事，現在「恩基金」只是要求這些勝出者捐獻部份家產，更何況他們的財富本來就是「恩基金」所賜予的，因此相信這種「受恩」後「報恩」的概念是絕對成立的。再說，很多善心人最怕就是善款不透明不知用在何處，但「恩基金」的善款肯定也用在跟自己背景一樣有志而無財力的人士，而且所有善款將來也是他們「恩商會」會員自己管理，在這三大理由驅使下，願意成為「恩基金」的「慈善戰士」大

三、截貧制富電視節目策劃方案

有人在。

3. 無論選擇多少創業基金的勝出者，在若干時間後也要每月逐步免息攤還本金給「恩基金」（虧損除外），至於訂立什麼時間後每月逐步免息攤還，會視乎各地或專家視實際情況而定。此外，當「恩基金」積聚一定資金後（包括節目產生的廣告收益及陸續外來的捐款），也再從基金資助每集節目競賽中落選但又不俗方案的人士，因為我們愈資助人多，反而基金的將來收益就更多，況且每個人能夠富貴是需天時地利人和，落選者也有可能更比勝出者將來更有發展和富有，如此的方式就可聚沙成塔，將來「恩商會」的會員不斷膨脹，「恩基金」就會成為「金字塔」的效應，不斷造福世人。可簡單繪圖，以下是現在的社會結構：

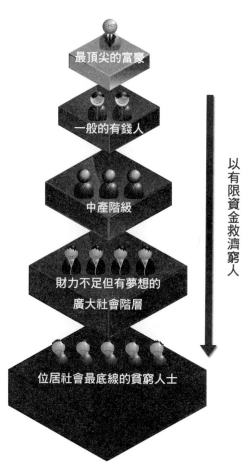

　　（基本上富豪及有錢人，有足夠財力，捐獻給弱勢，但他們人數有限，中產階級可以幫助窮人，但只靠行有餘力的額外資金，金額就較少，總體來說，就是如今的社會狀況，有限的資金，面對很大的弱勢族群）

　　「截貧制富」的目標，是先創造很多的有錢人，或者至少

讓中產階級增加，如此，就有更多人有能力幫助弱勢族群。

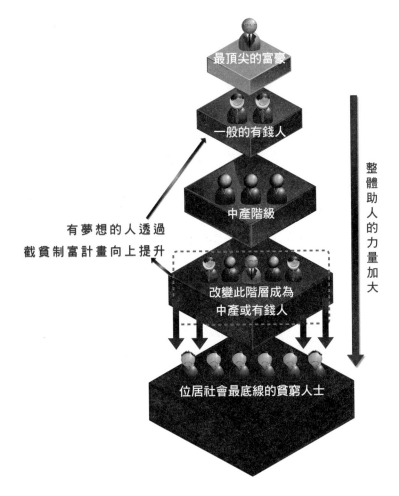

．（原本是有限的富豪及有錢人，捐獻給弱勢，外加中產
階級的不定期捐款，但「截貧制富」計畫，幫助創造更多的
有錢人或中產階級，並且他們全都承諾會捐出家產，如此，
就有很多的人，可以來幫助弱勢族群）

備註：

上述提到每集選出 3+1 名勝利者，依不同國情而定，在歐美或中國大陸地區的藝人財力較寬厚，可以每集參予捐獻，也許台港地區暫無法如此。而所謂 3+1 的基本義涵，+1 名指的是每集都有明星嘉賓任評審，而該明星就每集「獨立」選出自己心儀的人選和「獨立」捐助資金給予 TA 創業，令節目更具娛樂性的吸引性。就以中國大陸來說，每集邀請一藝人參與評審工作，是因為現今中國影視發達，特別是有了名氣的藝人（不管歌影視）其收入已經較往日不可同日而語，當中有可能為建立形象，有可能為回饋社會，例如李連杰、成龍、韓紅、周迅、陳坤、趙薇、李冰冰、范冰冰、黃曉明……都時常願意投身公益，出錢出力；不過，絕大數公益事做了就是好事一椿，僅此而已。但如果藝人也參與「截貧制富」節目，每集藝人都有權選出心儀的人選從而「獨立」給予資金 TA 創業，在中途更義務為 TA 的事業代言，務必 TA 更容易成功，從而培育令 TA 將來回饋更多（資產）給社會大眾，而且生生不息，那豈不是更有意義？！

三、節目特色及亮點

1. 娛樂性：

（此為暫訂規則），例如可規畫「截貧制富」節目每集出現一明星藝人或一社會名人，而且他們都會在節目中以個人身份獨立捐出創業資金，可望吸睛。

2. 好奇性：

「截貧制富」節目每集出現成功人士或著名商人，這些鮮有曝光人士已經引來觀眾好奇，加上節目上他們會如何評價參賽者自有獨特見解，觀眾也上了寶貴一課。據資料顯示，介紹某某「名人成功史」的書籍一向是讀者愛閱讀的書種，證明「人望高處」觀眾對成功人士或著名商人抱有「好奇心」是很自然的事。

3. 懸疑性和趣味性：

節目最有趣的是史上沒有一個獎金節目勝利者會捨棄「多獎金」而選擇「少獎金」，因為選「多」或「少」都會影響終生的「義務」，奇妙的是選擇「多獎金」不代表貪心有可能望承諾更大的「義務」，而選擇「少獎金」也不代表不想承諾更大的「義務」只是想基金有更多人「受惠」，這些其耐人尋味的結果都有待觀眾來判斷，增加懸疑性。

4. 指導性和啟蒙性：

節目每集中每個參加者都會發表自己個人獨特經營之道，無論好壞都可給世人作參考之用，這可能指導到一些已經經營的人士做得更好，更令一些有能力自己創業或已經經營的人士得到某方面的啟蒙，這些無論觀眾是貧是富看後都有裨益，這些知識集集不同，從而吸引觀眾追看。

5. 持續性和長壽性：

節目起初或會憑借上述的「新鮮感」創造收視，但到了一段時間，取而代之會變得更可觀性，因為隨著時間過去，節目就可以一直追蹤那些創業者的經營狀況，他們那些成功？為何成功？那些失敗？為何失敗？都絕對有欣賞和「借鑒」的價值。加上基金將來愈滾愈大，富人也愈造愈多，內容自然會愈趨豐富。

6. 教育性和影響性：

對勝出者而言可謂任重道遠，由於有使命感，比一般的創業者更小心和落力經營，視一生做「回饋」社會為目標，從而清晰地積極地面對人生。對商人而言可能受之影響培育出社會很多良心企業，這些企業或會贊助勝出者的任何幫助，或直接捐款予「恩基金」。對觀眾而言，會不知不覺薰陶了「得人恩果千年記」的中國傳統美德，發揚「知恩圖報」的儒家精神。對社會整體而言，有志難伸的人往往是動亂的根源，節目能不停為人民有志可伸，社會的戾氣就自然減少，達到祥和與安穩的好處。

以整體目標來看，首先每個人都有不同際遇，而且也要天時、地利、人和甚至運氣配合才能成功。因此我們不能保證每個「截貧制富」創業者都能成功，況且「成功」的定義又怎能一蹴而就？用多寡作為衡量？我們認為「截貧制富」項目的目標就是不停產生「截貧制富」的慈善戰士，他們最

三、截貧制富電視節目策劃方案

終可能「出錢」多於「出力」，也可能「出力」多於「出錢」，而所謂「出力」，就是不停為社會做「正能量」的事，值得注意的是，社會多一分「正能量」就相對少一分「負能量」，這點就是製造社會和諧從而減少社會戾氣的基石，也是「截貧制富」項目的終極目標。

四、節目播出時長、週期及基本構架：VTR方式 + 演播室

1. 節目每周一集，預計每集一小時，由於節目充滿特色可選擇非黃金時段播出。

2. 憑著節目的特色和可觀性，與及時間愈久內容更豐富，可預知是個長壽節目。

3. 節目導視：在循循善誘下，給觀眾一個明確懂得感恩報恩的思想。

4. 主持人：主持人在風格上要予人「正能量」的感覺，講究對話的藝術，說教道理流於自然，談論商業懂得抽取其趣味性，能夠調動觀眾，潛濡默化，幽默睿智。

5. 評審團：每集評審都有成功人士、著名商人、銀行商業信貸評估等專業人士及一位明星藝人擔任。另外還有「恩基金」的義務會計師團及義務律師團的代表。

6. 設立現場觀眾。

7. 各地記者（VTR方式）：每集節目記者會追訪參加者的親友探其品格，並追蹤那些創業者的經營狀況，揀選一些特別個案報導，當中有成功的個案，也有失敗的個案，讓觀眾有欣賞和「借鑒」的機會。

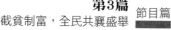

五、節目可行性分析

1. 前述外國人當生命終結時捐獻自己的家產也是平常事，現在「恩基金」只是要求這些「勝利者」捐獻部份家產，更何況他們的財富本來就是「恩基金」所賜予的，因此相信這種「受恩」後「報恩」的概念是絕對成立的。

2. 我們不能保證每個「截貧制富」創業者成功，但能保證「較易」成功，因為：

   a. 節目勝出的創業者因明白到任重道遠，他會自然有使命感，比一段的創業者更小心和落力經營，視一生做「回饋」社會為目標，從而清晰地積極地面對人生，成功的機率自然增大。

   b. 節目勝出的創業者在創業前會接受「恩商會」商業顧問團短期的指導和提供專業意見，使其儘量避免犯上不必要的錯誤並扶助其成功。

   c. 除了每集有明星藝人從選出的心儀者提供創業金及免費代言外（只限於歐美或中國有較豐盛收入的藝人地區而言），我們也鼓勵其他明星藝人為「恩商會」會員（即其他創業者）免費義務代言，令會員的成功率大大增加。

   d. 由於「截貧制富」創業者成功就代表了要負更大的回饋社會責任。因此可望受之影響培育出一群社會良心企業，他們會贊助或成本價為勝出的創業者提供公司裝璜、部份或所有生財工具，甚至獲得地產商免費一段時

三、截貧制富電視節目策劃方案

67

間或折扣租出舖位或辦公室。在節省各項成本下，也等於增大創業者的成功。

e. 凡「截貧制富」創業者所經營的企業，都會掛上「恩基金」的牌匾讓客人知曉，試想想，如果是舖位生意，客人知道負責人有此愛心，同時知道自己吃的、買的及光顧的都有部份變成善款，除非經營者產品或服務出問題，否則同一價錢怎會不光顧？如果是辦公室生意，眾所周知，任何人想和一個陌生從未合作的人初期多少總有點戒心，但如果當知道這個新合作的人是「恩基金」會員有此愛心，最起碼在信心方面已獲得初步保障。

f. 以下只適合某些地區：在增加節目趣味性及吸引度上，也可以讓每位入節目決賽者提供生辰八字給命理專家批核給評審作參考用途。（我們不鼓勵迷信，但生辰八字或有一定的科學理據，所謂「落地喊三聲，好醜命生成」，一個人是否「富」「貴」命，多少有參考價值。）

3. 一如不能保證每個「截貧制富」創業者都能成功外，我們同樣不能保證「截貧制富」創業者將來一定信守承諾，會捐獻其應捐的家產。所謂「樹大有枯枝」，要全部會員百分百「熱心公益」或「知恩圖報」似乎不切實際，不過，我們可作出一系列措施和透明的「機制」使其「儘量」避免：

a. 節目的勝出者首先會在現場即時在「恩商會」的義務會計師團代表及義務律師團代表及在現場及電視觀眾面前見證下分別簽下終生財產審計合約終生良心合約，前者是承諾終生的生意做帳、收支、固定或流動資產等等的審計必需由「恩商會」的義務會計師團所管轄，而後者定明選擇領取多少的獎金，就要終生最少捐獻給「恩基金」若干家產，這也是在億億萬萬的電視觀眾目睹的，多少都有法律管束作用。

b. 節目的勝出者當真正經營生意時，經義務會計師團核實後獎金才到位的。

c. 每一個勝出者都自動成為「恩商會」成員，從此時起他的八成家產都經義務會計師團放入「恩基金」獨立網站給人民隨時查閱，每一筆收支往來都有根據，從而也有效避免會員「犯錯」。

d. 每一個「恩商會」成員，如果被發現證實逃避捐款而作出任何「犯錯」，他不單會在「恩基金」獨立網站被公開除名，那麼被「打回原形」更慘，而且還遭義務律師團起訴，相信都有效防止會員犯錯從而「潔身自愛」。

六、節目優勢及劣勢

1. 從優勢分析：

a. 「截貧制富」電視節目是一個世上全新思維及史上最透明的綜合慈善項目，其勝出者雖獲取巨額獎金但需承諾捐出部份家產的突破新思維是獲得專利保護，而此種思

維在外國普遍不留家產給後人的文化更為受落，因此如果此節目先在中國地方播出，有望世界各地電視台會仿效開發，從而打破大中華地方一直仿效別人節目（如中國偶像、中國好聲音等等……），為中台港地方電視添一分光。

b. 「截貧制富」電視節目內每位參加者都有一套不同的市場策略，無論屬好屬壞，都有其可觀性，能讓每位觀眾及未來參加者、未來一般創業者都上了寶貴一課，使節目有一定的吸引力。由於貧者看出「希望」，富者也可從中「取經」，因此觀眾群包含了貧富、老青、男女多個層面，加上節目愈久愈製造多富人，而基金也愈滾愈大，令到時間愈久節目就愈具「可觀性」，可望成為史上最長壽的節目之一。

c. 可望製造一群社會良心企業（這包括社會上原有的企業及將來所有「恩商會」成員的企業），同時節目本質令人民有志可伸，讓社會戾氣自然銳減。對電視台來說，能造到收視高又為社會提供正能量，也盡了傳媒責任。

d. 世界各地由人民發明的產品不計其數，但由於普羅大眾難有資金發展，最後往往流落富人商家的手裡，這種壟斷經營久之久之自然造就富者愈富的惡性循環，本項目就是有效打破這種壟斷格局，為社會帶來健康發展，功德無量！

e. 從心理上分析，對原來社會上的富人及工商企業而言也有良性的互動和競爭，其實一般成功的商人其向上慾望

是無止境的，只要有機會令他們擁有或壟斷都希望達到，這只能怪周邊環境的對手難以抗衡，事實上除非利用不擇手段，否則這也不是他們的錯，也這樣才使社會進步和促進文明。不過，愈成功的人愈「高處不勝寒」及「無敵最寂寞」，我想這一群的富人都希望社會有「更多更好的對手」。因此，儘管「恩商會」成員的企業能打破壟斷格局，相信仍受很多富人歡迎，甚至會扶持他們的。

2. 從劣勢分析：

「截貧制富」電視節目內每位參加者都需要一位提名人，而且屬全國，可能審核工作較大。另外整個項目需具備一群分佈全國的義務律師團隊、義務會計師團隊、基金顧問團隊及商會顧問團隊。初期安排和投入工作較大和較為複雜，但由於項目成功會帶來上述專業人士名聲，因此儘管義務相信願意參與的人大有人在。不過上述的困難就以大中華來說可能僅限於中國，在香港及台灣二地，由於地域較小，而且商會及基金的成立較成熟和容易，應該此點不成影響。

三、截貧制富電視節目策劃方案

第 4 篇

肩負期許，創業回饋社會

> 恩商會篇

不論是「恩商會」，或者「恩基金」，都有個「恩」字，這個恩指的便是「報恩」。

為什麼強調這個「恩」呢？前面章節曾述及外國人當生命終結時捐獻自己的家產也是平常事，因為他們的觀念是「取之於社會，回饋於社會」。而那些創業者大部分都是白手起家。而現在我們的「截貧制富」計畫，是由「恩基金」來提供創業者實現夢想的基金，並且對於一生，我們也未要求捐獻 100% 或 90% 以上的財產，而只要求這些「勝利者」捐獻部份家產，既然他們的財富本來就是「恩基金」所賜予的，最後也只需部份回饋。因此相信這種「受恩」後「報恩」的概念是絕對成立的。

一、第二核心：恩商會

一、整體概念

正如前一章所述，「截貧制富」電視節目每集的「勝利者」都自動成為「恩商會」的基本會員。所謂「恩商會」，就是這些已經許下承諾要回饋給社會的創業者，所組成的團體。

不同於一般的社團，可以今天高興加入，明天理念不合就退出。「恩商會」的成員，是背負著全國民眾期許的。必須遵守承諾，終生奉行。

以成員來說，初期每年「恩商會」最少會有 156 位成員

自動加入。並且年年纍加，以一個協會的會員規模來說，已經算是很大的，當四年五年過去，成員更將會破千人，是個大型的工商協會組織，同時也是公益形式組織。以公益角度來看，其類似獅子會，以及扶輪社，但比較上，「恩商會」的成員使命感更高，每位都身具夢想，能夠創業；每位也都做了許諾，要回饋社會，因此對國家社會幫助更多。

二、「恩商會」成員及組織架構

基本上，分成三大部份：

☆ 主力成員部份：

亦即「截貧制富」節目的勝利者，占商會 90% 以上。

☆ 專家成員部份：

包含「截貧制富」節目的製作團隊，以及評審群，也包含輔導「恩商會」的會計師、律師、企管諮詢顧問等。一般以義務職責為主。

☆ 行政成員部份：

隨著「恩商會」的組織日益增長，也必須增加行政工作人員，諸如總機、秘書、行政管理人員等等。以協助會務運作，讓「恩商會」成員專心創業。

以組織架構來說，可繪圖如右圖：

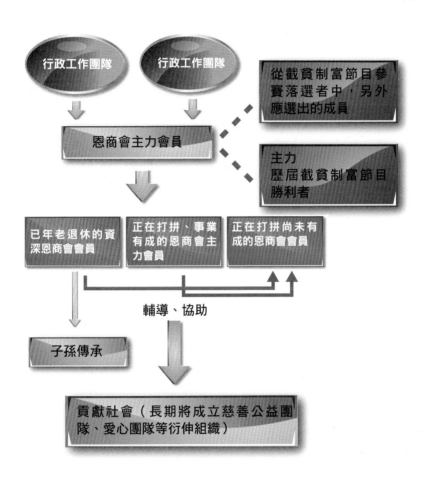

三、「恩商會」的運作

　　以人數來說，「恩商會」的組織將愈來愈龐大，其影響力非常可觀。除了原本勝利者外，「恩基金」尚會撥款資助「截貧制富」節目落選者創業，經費依實際基金成長而訂，假定平均將來每集應選 2 名落選者加入，連同本來每周 3 名

勝利者合共 5 名，那麼每年就為「恩商會」帶來最少 260 名成員，10 年就最少有 2,600 名成員。

這些成員全部出身貧困，但都是有志和熱心社會和任重道遠，值得一提是，「做人」最怕是沒有「目標」，當知道自己受了別人「施恩」就要「報恩」，而且自己的「將來」就是千千萬萬貧苦大眾的「將來」，也清清楚楚自己的「義務」其意義何其大，甚至身為其中一員都感到光彩。

在各會員清貧出身一致、人生目標一致情況下，我們說預料是史上最齊心協力的商會，絕不為過！

那此一商會的運作方式為何呢？

如同一般的協會（例如獅子會，扶輪社）的基本運作模式，每年「恩商會」將選出當年的執行幹部，包含理事長、副理事長、秘書長，以及各小組的成員。理論上，每位「恩商會」會員，都必須參與至少一個小組。以下列出一個範例：

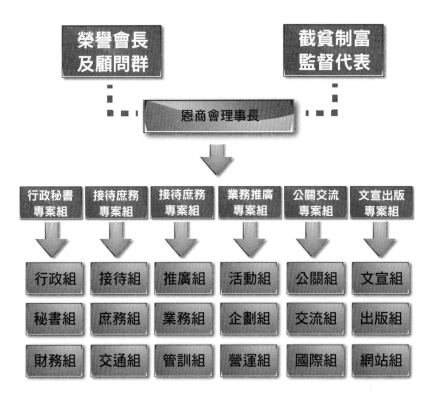

基本上每位「恩商會」成員，主力要執行的事情有四大類：

1. 拓展原本的事業，並依約定將收入回饋到「恩基金」。

2. 輔導協助其它「恩商會」成員。

3. 擔任「恩商會」的幹部或某個小組成員，執行相關活動。

4. 依「恩商會」的整體使命，終身行善。

一、第二核心：恩商會

	將夢想落實	輔導後進的恩商會會員	擔任恩商會的終身義工	參與並貢獻恩基金
遵守約定	認真拓展事業	依約回饋資金到恩基金	演講及講座等分享成功秘訣	齊心齊力眾志成城
	再忙也要撥冗參與恩商會慈善活動	事業蓬勃促進國家經濟	將企業發展變成教育典範公布	打造正面的社會形象
落實行善	長期推展恩商會的公益活動	終身協助他人		

四、「恩商會」的營運方向

　　「恩商會」的營運目標很多，但主要方向有二，一是對社會貢獻，一是反饋自己。因為惟有「恩商會」更茁壯，才能幫助更多的人。

二、恩商會的理念與分析

　　在簡單介紹了「恩商會」制度後，在此要對整個制度的理念做補充說明。

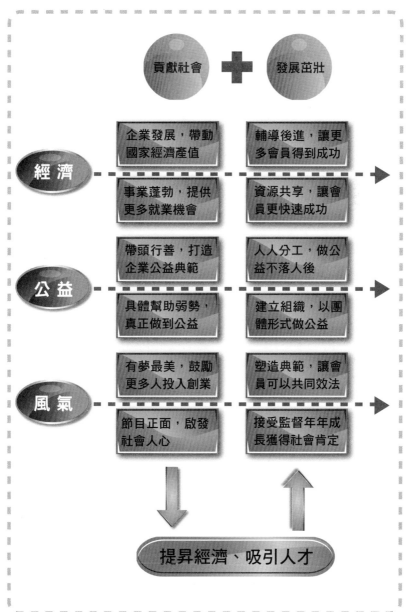

貢獻社會 ＋ 發展茁壯

經濟
- 企業發展，帶動國家經濟產值
- 輔導後進，讓更多會員得到成功
- 事業蓬勃，提供更多就業機會
- 資源共享，讓會員更快速成功

公益
- 帶頭行善，打造企業公益典範
- 人人分工，做公益不落人後
- 具體幫助弱勢，真正做到公益
- 建立組織，以團體形式做公益

風氣
- 有夢最美，鼓勵更多人投入創業
- 塑造典範，讓會員可以共同效法
- 節目正面，啟發社會人心
- 接受監督年年成長獲得社會肯定

提昇經濟、吸引人才

二、恩商會的理念與分析

一、這是個最嚴格全新的社團形式

　　這世界上有許多的團體,大部份都是可以自由加入,例如各類的民間社團、公益協會或者以興趣為主題的各類同好會等。少數的社團,則有設立門檻,一般最常見的門檻是要捐大筆的經費,其它的門檻還包括要有一定社會定位,或相關的資格證書,並且要至少有一個保證人。最嚴格的社團,則是完全不對外公開,採秘密結社,成員要經過現有會員全體投票一致同意才能加入的特殊組織。總之,這社會有許多的社團,從男女老少都來者不拒,到就算家財萬貫也可能不得其門而入的有,但不論哪一種,都和我們的社團式不同。

　　可以下表來展現:

以門檻來分

	人人可加入	有基礎加入門檻	嚴格限制門
終身不得退出	某些宗教組織	幫派組織	恩商會
退出要一定程序	政治團體	高級俱樂部	貴族的秘密會社
隨時可退出	大部份的民間社團	青商會扶輪社	正式的國際學術組織

以退出機制來分

由上表可以看出，「恩商會」是全世界最嚴格的組織。因為要進去的門檻，全世界最高，但一旦進去，就不得退出。

進去門檻高，表示非常嚴格的資格要求。無法退出，表示這是非常嚴肅的終身承諾。

二、 這是個雙重要求的嚴格規範社團

一般社團成員，一定有義務，通常是對社員的義務，但對外則是「服務」。

好比說青商會，或扶輪社，每個社員當初在入會時都有被規範一定的義務，要繳費要出席月會等等，至於對外的各種慈善公益，則是服務貢獻性質。也有社團，其規定加入者，有對外做貢獻的義務，但基本上那些義務，其實不是來自外界的要求，而仍是組織內對成員的規範義務。

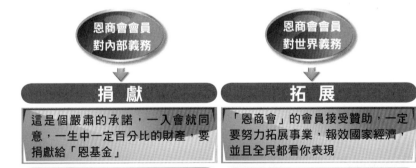

二、恩商會的理念與分析

但「恩商會」成員，不只對內部有義務，並且在加入的一開始就知道其也有對外的義務，並且那義務不只對「恩商會」負責，而是得接受全民監督。

三、「恩商會」會員的義務說明

　　看了上頁的圖表，會發現「恩商會」會員有四大類義務，對內及對外，包括捐獻、傳承、拓展、濟世。這裡再進一步說明。

　　讀者會發現，和一般社團會員義務很不同的一點。那就是一般社團的義務也會包含捐獻、傳承，大部份社團也會要求成員濟世。但就中最不同的一點，就是拓展。「恩商會」是唯一一個社團，會員的基本義務之一，就是要把自己做成功，並且讓全民監督。這是因為本套制度的創設宗旨就是要扶助創業救濟世人，若創業不成功，就失去意義了。

但除此之外，會員的基本義務可再細分如下：

擔任恩商會組織的內部義務

※要分工擔任社內幹部
※要依規章開會及執行分配工作
※終身奉行組織章程

對外代表恩商會的角色義務

※有義務讓自己創業成功並捐獻助人
※出席恩商會的對外場合
※至始自終信念必須一致

終身行善的恩商會形象義務

※有義務讓自己創業成功並捐獻助人
※出席恩商會的對外場合
※至始自終信念必須一致

化成具體行動呈現的結果：
1. 讓會務永續營。
2. 讓善行得以持續。
3. 讓三核心環環相扣。
4. 具體檢視對社會的貢獻值。
5. 複製模式，全世界可套用。
6. 形象保固，不得有損。
7. 資源整合，不同行業共同合作。

內部義務 ＋ 角色義務 ＋ 形象義務

二、恩商會的理念與分析

83

四、「恩商會」成員的兄弟情誼

一般加入同一個社團，代表有共同理念，本就是同心一致，大家努力的團體。

此外，包括青商會、扶輪社等組織，其加入會員的另一個目的，就是結合不同資源，可以互相幫助。「恩商會」本身的成立，最終目的要助人，但以其組織的形式來說，也是如同青商會、扶輪社般，有一個特點，那就是成員各行各業都有。

身為「恩商會」一份子，有義務協助會友，相對地，也可以說是一種權利，那就是得到恩商會成員的資源相助。

資源有三大類：

1. 會員本身資源

基本上在「恩商會」成員篩選方面，評審並不會刻意選擇業種，而是依照每個人的創業夢想，例如有人要做研發、有人做餐飲，有人做網站等等。但久而久之，「恩商會」就會匯聚不同性質專業的行業資源。

2. 贊助者資源

「恩商會」的成員是經過比賽而來，但「恩基金」的挹注，卻是可以來自各大企業，凡是認同「恩商會」理念的都可以成為贊助者，而他們本身也變成恩商會的資源。

3. 人脈展延資源

能夠在比賽中脫穎而出的人，都是有夢想的菁英，通常這類菁英將來也一定可積聚廣泛的人脈資源。在「恩商會」

組織運作中，任何會員有需要，都可以發出訊息，透過會員的人脈網絡，尋求更多資源。

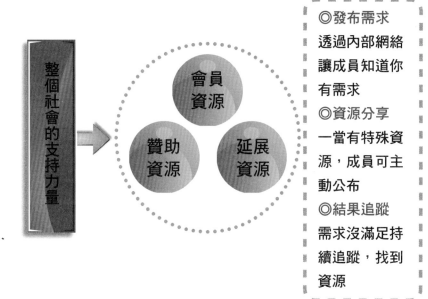

◎發布需求
透過內部網絡讓成員知道你有需求
◎資源分享
一當有特殊資源，成員可主動公布
◎結果追蹤
需求沒滿足持續追蹤，找到資源

五、「恩商會」的整體運作及透明化原則

　　如同各個社團一般，「恩商會」會有自己的組織章程，以及內部運作規範。但也如同一般社團，各項會務進行，基本上除非是會議決議可對外公開的，否則基本上是對外保密。當然，「恩商會」及「恩基金」的一個特點，是要「透明化」。但這裡必須說明，所謂透明化，不是指整個會務進行都攤在陽光下，全世界沒有社團是如此，因為那樣會員失去隱私，整體的會務運作也會變成公開表演，失去意義。但所謂透明化，指的是以下四件事：

二、恩商會的理念與分析

A. 資金透明

這部份指的是「恩基金」。至於「恩商會」的會務運作，也會依照社團法規，對外公布財報。但日常的細節支出，為減少作業繁瑣，並不會每日公告。

B. 成員透明

「恩商會」的成員，都是在公開節目上甄選出來的，所以每個「恩商會」成員，都是先經過大眾見過，才正式加入。

C. 成果透明

「恩商會」成員對社會的貢獻，要接受大眾監督，因此，不論是「恩商會」創業表現，以及對外行善事蹟都是透明的。

D. 形象透明

最後，「恩商會」經得起社會考驗，因此，隨時都歡迎各界來考察「恩商會」的執行成效。

至於其它事項，舉凡「恩商會」內部會議紀錄、成員資源交流、會內所知曉的社會資訊。基於各社團本身的隱私，這無關社會公益部份，「恩商會」如同一般社團般，有權利不對外公開。

其它有關「恩商會」的補充說明：

「恩商會」除了有義務捐獻和好好去管理「恩基金」外，各會員會每年都會選舉「恩商會」的領導層，其責任分

別是：

1. 嚴密監控基金運用和網上透明各會員家產，向世人公佈基金流向。

2. 甄選從基金資助節目競賽中落選但又不俗方案的人士。

3. 基金有足夠滾存後，開始部份用作扶貧教育用途，扶助更多未來國家棟樑。

4. 呼籲、宣傳及聯絡社會富人、公司積極參與捐獻給「恩基金」。

5. 利用自己獨特平台定期舉辦扶貧活動與及社會、國際創業交流活動。

6. 由於志同道合，各會員可望萬眾一心，完善和不斷改進上述三項核心。

7. 由於「截貧制富」項目適合任何國家地區推行，因此各地的「恩商會」將來也可輪流舉行「恩商會」世界大會，其好處有：

   a. 各地的「恩商會」會員背景出身和終生使命感相同，令大家更團結和互相幫助。

   b. 擴闊商機：各地文化及資源不一樣，但會員大家理念卻一致，一些國際生意合作可望會打破一般國際商業大會的生意面對難題的顧慮，從而擴闊商機，最終收益不止是會員，也使各地「恩基金」擴大從而扶助更多的人。

   c. 各地人才專業和特長不同，時常交流可望更完善「恩商會」和「恩基金」的機制，更可想出更多及更有效方法扶助弱勢人士及低下貧窮線，為社會及國家盡一分力，

二、恩商會的理念與分析

造福百姓。

d. 當各地的「恩商會」和「恩基金」發展到一定程度，就可設立一些自己獨有的國際的年度活動，比如設立獎學金去培育清貧人士，甚至設立各項類似諾貝爾獎金去獎賞及鼓勵對社會作出貢獻的人士等。

e. 特別是當各地的「恩商會」和「恩基金」發展到一定程度，「恩商會」和「恩基金」就應成立國際總會，而各地官方網站也會成立總會網站，那時，世界各地人民不但可查閱自己地方的「恩商會」會員訊息及「恩基金」的財政狀況，更可瀏覽世界各地有關上述信息，這又有兩大好處，其一是多了解別人地方有關「恩商會」及「恩基金」的進展，所謂知己知彼，促進自己進步。其二是得到世界各地會員各行各業的索引，從而增進各地會員間的國際貿易往來，進一步擴闊商機。

Note

二、恩商會的理念與分析

第 5 篇

源源活水，創造正面循環

> 恩基金篇

制度、人力、金錢，這是推動任何一個事業必備的三要素。

在「截貧制富」的整套計畫中，當然也包含制度、人力、金錢三部份，並且這套制度最特別的地方，是將制度、人力與金錢分別再強化成一個彼此環環相扣的系統。

這是一個三重的環環相扣，每個組成都包含完備的制度、人力和金錢。然後整體組成再彼此支援。目的是要打造天長地久的正面循環。

一、第三核心：恩基金

一、整體概念

顧名思義，「恩基金」，是一種「基金」。前面加個

「恩」字，代表這是以報恩為主體的一種基金。所謂恩是指什麼恩。在此主要有三種恩：

第一、感謝「截貧制富」整體節目的栽培

終究，所有加入「恩商會」的成員，他們都是有夢想，但缺資金的人。但透過本系統，讓他們獲得了資金。也因此，這些人後來創業成功，必須報恩。報恩的第一方式，是回饋「截貧制富」這套體系。因為他們的回饋，可以讓整套系統持續運作。

第二、感謝許多人的付出

透過系統成為「恩商會」會員，並且將夢想落實成真的人。在其奮鬥過程中，要感謝很多的人。首先，要感謝贊助者，再來要感謝「恩商會」的許多成員互相幫忙，其它，包含創業過程中許多的朋友，都是讓他成功的貴人。所以都要報恩。透過本系統的回饋，不斷強調的就是報恩的概念。

第三、感謝整體社會國家的支持

整套制度的運作，除了最終目的要對社會做貢獻外，並且我們非常強調的，這個所謂「貢獻」，不是施捨，不是今天你有錢了你去幫助人。而是要養成，你對國家社會報恩，以報恩的心態，我們就不會高高在上。

有關「恩基金」的運作，包含非常多的細節，但若要以

一句話簡單來說：

「恩基金」，就是一個心存感恩的金錢回饋系統：

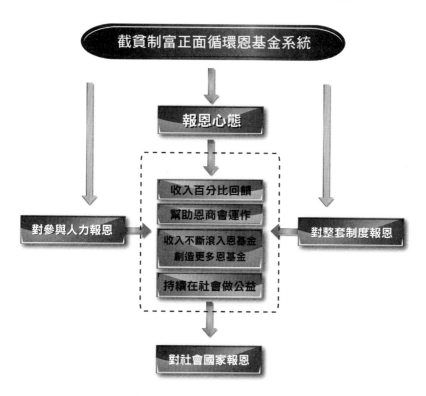

截貧制富正面循環恩基金系統

報恩心態

對參與人力報恩

收入百分比回饋

幫助恩商會運作

收入不斷滾入恩基金
創造更多恩基金

持續在社會做公益

對整套制度報恩

對社會國家報恩

一、第三核心：恩基金

二、收入來源

只要有基金，就一定要有收入。所謂要有源頭才能有活水，有活水才有生機。

一般的基金來源主要有兩種。最常見的就是一個財團或者富翁，捐獻一筆錢，設定一個目的（通常是慈善，但也有其它目標，例如諾貝爾獎基金是用做鼓勵智慧發明）；另

一種就是透過社會捐獻。不論是第一種或第二種，都必須創造一個不封閉的環境，也就是要持續有源頭，創造活水的環境。一般的作法，還是兩種，一是錢滾錢，透過專業理財人員，將最初的基金做妥善的理財，然後以生息的方式，讓資金不會斷絕，第二就是不停的對外募資，但缺點是，隨著經濟景氣的變動，資金可能時而豐富，時而短缺。

「恩基金」，做為一個基金，其收入來源也包含以上兩個。但更重要的，我們創造了第三個收入來源，並且這個收入來源只會愈來愈大。不會少。這也是「恩基金」最大的特色之一。

這三大來源就是：

1. 基本資金

「恩基金」的收入來源首先是「截貧制富」電視節目所帶來的廣告及周邊收入。這是第一筆資金。所謂創業維艱，一開頭經營是最困難的，那時候就只有這個來源。

2. 募資資金

隨著「截貧制富」電視節目得到的認同愈大，第二筆資金將陸續湧入。包含，認同這個理念的富翁捐獻，以及其它社會大眾對這一理念的支持等。此外，還有「恩商會」及「恩基金」官方綜合網站接受民眾的捐輸及會員的年費收入（此點稍後詳述）等等。不同於一般慈善基金，民眾捐錢後，錢就可能不知去向何方。本系統的重要概念，是透明化，所以民眾捐錢，都可以明確的看到自己的投資具體地幫

助了社會。

| 基本資金 | 正面循環資金 | 募集資金 |

基本說明

| 在整套系統運作初始的第一筆資金，但同樣也是長期節目資金 | 以恩基金本身為主體，讓恩基金不斷拓展，生生不息的核心機制 | 以認同截貧制富理念為目標，對外號召的各種資金捐注 |

內容介紹

| ※ 截貧制富節目
※ 節目衍伸的商業廣告（包含拓展的其它節目線，如後續專訪和成功專題） | ※ 恩商會成員的回饋
※ 恩商會成員捐家產
※ 恩商會舉辦活動帶來的正面收益 | ※ 來自企業界的捐款
※ 來自社會大眾認同的款項
※ 任何非以恩基金為主辦活動的收入 |

發展願景

展延	正面循環	展延
第一筆資金持續回補	愈來愈多的回饋	
	愈來愈多的家產	各種社會投資衍伸商機
節目本身成為另一條利益創造線	愈來愈多的活動收益	更多大眾認同及更多資金

一、第三核心：恩基金

3. 正面循環資金

這也就是「恩基金」最重要的基制。

首先，本套制度的規範，會員需無息償還本金到「恩基金」、另外會員承諾需捐家產給「恩基金」。此外，將來「恩商會」所舉辦的活動帶來的收入也都歸入「恩基金」。可以想見，這將是個愈來愈大的系統。隨著「恩商會」成員增加，如果大部份會員都獲得小成功至大成功，「恩基金」就會不斷膨脹，聚沙成塔至「金字塔」效應，愈滾愈大。

三大類的資金來源，第一類是基本資金，第二類是募資資金，第三類是正面循環資金，中短期，將以第一類資金為主要財源，但長期則將以第三類資金，也就是正面循環資金為主要來源。

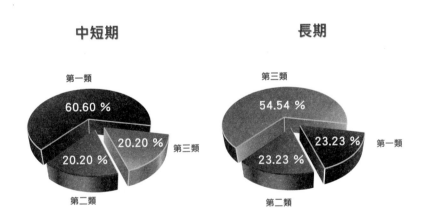

二、恩基金的理念

一、基金的基本運作原則

如同我們創設本計畫的兩大初衷，第一是要讓資金聚合真正幫助世人，第二就是整體要「透明化」。我們在基金運作時，也遵守這些原則，並化成以下四大基本原則：

1. 正義

我們絕不容許任何的運作黑洞存在本系統，特別是我們知道，這些基金都關乎人們的夢想，其來源也包括社會大眾的血汗錢及企盼。因此我們整套基金的運作，絕對做到最陽光下「透明化」。

「恩基金」會連同「恩商會」設有獨立網站，「恩基金」每筆大小收入或支出都要透明的在此網站公諸於世，至於「恩基金」的支出主要是提供「截貧制富」電視節目的「勝利者」及將來從落選者殷選出來的人士給予「創業啟動資金」，其次是若干時候，「恩商會」用於舉辦活動經費及為世人扶貧活動的捐助費用。

每一分每一毫的財務運用，都要清清楚楚、明明白白。

2. 專業

道德是重要的，品德是我們評量的主標準。但牽涉到基金的運作，還是需要專業。

「恩基金」除了最初起步有「基金顧問團」參與外，之

後都會陸續交回「恩商會」會員主理，一個基金的管理層本身都由最初草根階層的成員管治，這包括財政及行政，由於沒有人比他們更了解和明白如何扶持新一代成員及做好「回饋」社會工作，因此可預期他們更有效發揮這個獨特的「慈善平台」！

3. 效率

「恩基金」的創立，如同「截貧制富」觀念的產生一樣，和效率有關。當初為何不設立一個基金直接救濟貧窮呢！因為我們覺得這樣沒效率，今天救了明天他繼續挨餓，所以我們發展出一套系統，創造許多可以救人的人，這樣以人救人，代代延續才是最有效率的作法。

同樣地，在將來「恩基金」運作方面，也將透過基金顧問會，以及成員的交流意見。將資金運用，以最有效率的方式來運作。

4. 永續

由於「恩基金」的獨特性使它成為史上最源源不絕，生生不息，不求捐獻的基金，因此最有可能和條件使其上市，令更多人參與這個史上最有意義的項目，也更可令「恩基金」加促其「金字塔」效應，恩澤萬民，「截貧制富」，世代相傳，子孫永享！

二、「恩基金」的相關組織

1. 基本組織

「恩基金」將設有「恩基金」總控辦公室，做為運作中心，內轄各管理單位。關於組織內部管控資料不在此敘述。除了基本運作中心外，也將設有網站，包含：

「恩商會」及「恩基金」官方的綜合網站。

每位會員加入後將來 80% 家產及流向都要透明的在此網站公諸於世（之前已說保留 20% 家產不用公報以作私隱及留給大眾想像空間）。

這樣做對會員來說，他來時本來就是空白，將來家產要公諸於世（而且只是 80%）沒什麼問題，但對外界就意義非凡，因為世上沒有一個基金可以隨時隨地上網看到這個基金現存究竟是多少，昨天入了多少錢或今天用了多少錢，如此公開透明，不單能有效「鞭策」各會員「努力賺錢」，同時基於人的自然心態，網上公開就可促成及鼓勵會員自願提早逐步先行捐獻家產給基金，而無需一定等「百年歸老」後才捐獻。而最重要是令外界私人或企業「有信心」捐獻「恩基金」，加入史上最有意義的「回饋」行列！

由於每位會員的財富都是由「恩基金」創造，因此全部會員的資產狀況都會每月不停在獨立網站公佈和更新，形成此網站一大特色和吸引萬千網民收看，另外這樣做還有四大優點：全部會員的 80% 資產都公開，形成最透明的財政管

二、恩基金的理念

道，大大有效令社會的善心人更放心慷慨解囊！第二是既然會員的八成資產公開，其他善款也公佈，此時「恩基金」究竟現存的總額約多少也自然公諸於世，這是一大突破！第三是全部會員的八成資產都公開，他們就有互相鞭策自己的作用。第四是最重要的，基於人的自然心態，網上公開就可促成及鼓勵會員自願提早逐步先行捐獻給基金，而無需一定等「百年歸老」後才捐獻。

此外，節目由於時間關係只會揀選特出例子，但網站就可全方位報導。

2. 衍伸機制

隨著「恩基金」的不斷拓展，亦將開始衍伸其它組織。

慈善救助	設立以慈善救濟為目的，附屬於恩商會的計救濟基金
海外救助	隨著恩基金的擴大，設立以海外救助為主的海外事業
資金投資	由專家組成的團隊，負責基金的投資生意創造更多盈餘
善行銀行	在長期發展階段設立善行銀行，專門貸款幫助窮人
創業循環	設立創業輔助機構，讓想創業的人得到專業輔導

三、恩基金的平台運作

一、三大平台的關係

「截貧制富」三個核心，也代表三種平台。

「截貧制富」節目是人才及資金的交流平台。透過這一平台，一方面來自社會大眾的人才，可以有個機制，加入「恩商會」。透過這個平台，也才能引進社會的慈善資金。另外，隨著整個制度的擴大發展，也是透過這個平台，民眾可以持續關心加入「恩商會」成員的事業進度。

「恩商會」組織，則是「恩商會」成員彼此交流，並透過制度約束創業及行善的平台，同時該組織也做為一個對外溝通主題，可以引進商業合作以及擴展行善作為。

但最重要的一個平台，還是「恩基金」這個平台，其主要原因：

1. 永久存續

「截貧制富」在初期是重要平台，但隨著制度發展，節目有可能拓展成更多元，或者由電視節目轉成網路節目；至於「恩商會」組織，做為一個社團組織，也有一定的限制，必須配合各種政策法規，且人才會代代傳續，會有人事變遷。但惟有「恩基金」，做為一個金錢的管理平台，其規畫一定是永久存續的。

2. 落實行善

「截貧制富」節目是個引進人才的平台，「恩商會」是匯聚人才的平台。但不論是引進或匯聚，整套制度的最終目

的還是建立一個幫助社會的制度，而其具體的落實，不論是靠「恩商會」成員捐家產，或者社會上富豪及有識者的捐獻，去重點都是化為現金。有現金才能去做各種慈善。也因此，三核心平台中的「恩基金」平台，是最重要的一個平台。

三個平台的衍伸概念如下：

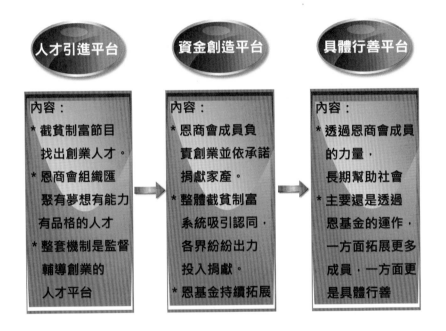

人才引進平台	資金創造平台	具體行善平台
內容： * 截貧制富節目找出創業人才。 * 恩商會組織匯聚有夢想有能力有品格的人才 * 整套機制是監督輔導創業的人才平台	內容： * 恩商會成員負責創業並依承諾捐獻家產。 * 整體截貧制富系統吸引認同，各界紛紛出力投入捐獻。 * 恩基金持續拓展	內容： * 透過恩商會成員的力量，長期幫助社會 * 主要還是透過恩基金的運作，一方面拓展更多成員，一方面更是具體行善

二、「恩基金」及整套系統平台的兩大介面

以具體運作來說，整體「截貧制富」的兩大介面，一是實體介面，一是網路介面。以「恩基金」來說，實體介面便是具體和人與人接觸，進而導入的金錢管理機制，以網路來說，不論是節目端，「恩商會」端，或者「恩基金」會端，

除了整體對外的形像官網外，並需要具備實質意義的功能網。在此分別介紹：

1. 實體介面

做為三核心中和金錢最有關的機制，「恩基金」的實體平台，包括：「恩基金」組織、「恩基金」帳務系統，以及「恩基金」關係機構。

a.「恩基金」組織

包含整體管控的行政組織、對外接洽的業務組織，以及各項財經規畫的專業團隊組織。具體執行細節，在此不特別條文陳列細述。但整體運作原則，要符合前面曾介紹過的正義、效率、專業、永續四大原則。

b.「恩基金」帳務系統

「恩基金」的帳務管理，包含進帳、出帳，以及條目細分，運作實施要公開透明，資金發展要依專業分配成三大部份：

b1. 第一部份用在制度本身，包含「截貧制富」系統的正面循環運作，培養更多「恩商會」成員，以及做為支應「恩商會」及「恩基金」運作的資金。

b2. 第二部份要透過專業人員，讓金錢可以做更大的生息。比照世界頂級基金會的作法，透過理財方式，讓「恩基金」金額更大。（本部份的操作，需通過「恩基金」監督委員會的查核）

b3. 第三部份，也就是具體行善的部份，透過委員會的討論，將資源適當分配給最需要的地方。用在救貧救災救難。

三、恩基金的平台運作

整體而言：

◎ 這是個以創造釣竿為為主而非直接給魚的創業行善介面

　　例如台灣有許多的基金，每個基金都以行善為主，有的幫助特定弱勢族群，有的直接捐款救災。「恩基金」的最終目的也是如此，但不同的是，「恩基金」很強調「過程」，我們自始至終都認為，要有更多人有能力行善，才能幫助更多人，所以「恩基金」的運用，也是以這一原則為主，將錢運用在可以創造更多釣竿 （包含輔佐更多的創業人才，以及鼓勵窮人自立自強創業）

◎ 希望建立一個人們自我提昇的功能

　　許多處在貧窮線上，但他們不是甘願貧窮。在過往，由於先天上的限制，他們即便原本有心，但在缺乏資源，無從著力的情況下，漸漸地也失去熱誠，最後就完全放棄，真的變成一個窮困的人。但「恩基金」的運作，不是直接拿錢「救濟」，整個介面，在精神層面的運作上，甚至比實際金錢救助還重要。

◎ 不只單一平台，還具備衍伸拓展機制

　　隨著「截貧制富」計畫的發展，初期的「恩基金」，只是「恩商會」的一個財務機構，但隨著整體制度發展，以及社會認同度更高。「恩基金」將更加拓展，並發展出外沿機構如善行銀行等。具體細節，在此就不論述。

2. 網路介面

相對於實體介面，透過組織力量實際做人與人間接觸，包括金錢進出，以及以基金會角度和外界互動，網路介面強調的，主要是民眾監督以及意見交流。

簡單說，「恩基金」網路介面，就是「恩商會」及「恩基金」綜合官網，但這個官網不只是純形象網站，而是具備更大的功能。

◎ 打造各地第一個慈善資源資訊整合入口網站

不論台港或者其他華人地區，都有很多的慈善公益團體，他們也有各自的慈善公益網站。但經常大家可以看到，這些網站，只在其服務範圍領域內作介紹，這當然無可厚非，網站的架設本就要符合架設者的社會形象。以此來說，由於「恩基金」是個對社會國家「報恩」的網路平台，因此未來在拓展網站營運時，我們要定位成不只是「恩基金」本身的形象官網，而是具備實體意義的慈善資訊交流網。

◎ 創建以服務創業者為主的慈善平台

過往以來，慈善是一個專門領域，創業又是另一個領域。這兩個領域是從來不會相提並論的。但惟有「截貧制富」整套系統，將創業和慈善這兩件事做最有系統的整合，創業等於慈善，因此輔導創業，也就輔導更多慈善。

三、恩基金的平台運作

◎ 成就一個凝聚全民愛心共識的交集園地

在創立「截貧制富」系統時，我有一個願景，那就是讓這世界，有更多的有錢人願意發更多心思去關懷弱勢。而我所建的網路平台，將是凝聚這共識的重要平台。平心而論，一般人平常不會特別去關懷慈善公益網站，但一般人卻可能對創業資訊網站有興趣。而今，讓人們關心創業的同時，有就參與關心公益。久而久之，形成愛心共識，那吾願達矣。

3. 網路平台概說

定位分析：

這是個不以營利為主目的網站，其將重點放在資訊交流，所謂資訊包含兩大類，一是創業，一是慈善。這個網站是各地第一個將創業和慈善結合的網站，其也是個「入口網站」。所謂入口網站，我們希望各地民眾，想要什麼創業或慈善資訊，到這裡通通都有，是個可以把本網站設為首頁，可以做為關心全國福祉共通園地的網站。其實，我們可以想像現在一般民眾上入口網站會需要做到的功能，這個網站都可以做到，差別只在，這是個慈善愛心專屬的網站。

同時，民眾想要進入索取或查閱「恩商會」的各行各業的會員公司詳細介紹、「恩基金」的每筆資金收支流向、「恩基金」現時的滾存、「恩商會」各會員的 80% 的資產（動產及不動產）的狀況，都必需加入成「贊助會員」及必需付年費的。這樣目的有三，其一不想任何人包括「沒心人」不經意地也看到各會員的資產狀況。其二也可使「有心

人」即關心社會的民眾也為本項目出一分力，儘管是微不足道的年費，但相信願意加入成「贊助會員」的民眾會為數不少，從而每年也為「恩基金」帶來一筆額外的固定收入。其三相信也從而令各會員公開其資產狀況也覺得甚具意義和值得。

有關「截貧制富」項目官方總網站其主功能包含：

1. 搜尋：針對創業及慈善公益主題。

2. 新聞：專門介紹「恩商會」發展相關新聞，以及社會慈善工作新聞。

3. 商城：就如中國的「陶寶」一樣，「恩商會」將來形成各行各業集商業及服務群體的時候，就可在自己的官網設立「恩商城」。此外當世界各地也成立「恩商會」及有關官網時候，也會成立「恩商會」國際總會及國際官網，以至「國際恩商城」，向世界各地民眾服務。此時對各地民眾而言，向來都知在網上購物有一定的「貨不對辦」的風險，特別是跨國的網上購物民眾更為憂心，但「恩商會」擺明是「良心企業」，加上民眾知曉在這個商城購物其產品的毛利有 30~50% 擺去慈善用途，如果是同價相信任何人都會在此商城購物（特別是「國際恩商城」），這樣，就可創造另一個網路傳奇。

4. 收入：透過本平台公司或民眾可做線上捐款，並看得出捐款流向。同時，還有民眾加入成「贊助會員」的年費收入等等。

三、恩基金的平台運作

107

5. 訊息：可以看到最新的「截貧制富」節目及節目中沒有出現的獨家訪談網路視訊，「恩商會」、「恩基金」各類訊息等。

6. 活動：每月或每季網路上會舉辦專題活動。

7. 知識：在這裡可以認識到各種創業的知識，由「恩商會」成員長期和外界分享，內容包含各行各業的營運竅門，也包含智慧財產權發表。

8. 政策：各項政府有關公益及創業法令的公告。

9. 生活：結合食衣住行育樂的各種生活情報站，其與「恩商會」的創業活動有關。特別是「恩商會」會員遇有推廣、折扣、送禮、開幕、新產品介紹等等。

10. 趣味：為增加網站吸引度，也會放上趣味照片及生活趣聞，例如「恩商會」會員創業過程的趣事。

11. 互動：民眾與「恩商會」會員互動，有信箱及客服等單元。

12. 延展：透過本網站可以聯結到所有政府公益慈善或政府經費補助等相關網站，或異業結合的弱勢族群網站。

Note

附錄一

有關截貧制富答客問

一、「截貧制富」制度適合哪些國家？

☆ 答：

　　「截貧制富」項目會共分為電視節目「截貧制富」、「恩基金」和「恩商會」三項核心個體。其實適用於任何國家創立及發展，只要那個地方有窮人的話。同時，各國的「截貧制富」項目包括節目、「恩基金」和「恩商會」都應該是獨立運作，但「恩商會」就可以如同國際青年商會或其他世界性商會一樣，各地的「恩商會」可再聯合成立另一總會，也一樣每年選出總會的管理層，同時在每一年的年會，世界各地的「恩商會」會員也應走在一起，除了交流增加「商機」之外，更要大家研討如何更完善「截貧制富」項目及為社會作出更多、更大的貢獻。至於「截貧制富」項目世界各地必須擁有義務律師團隊及義務會計師團隊、商會及基金顧問等專業人士共襄盛舉。雖然大家文化不一，但出身背景和人生目標更貼近一樣，如此各國的「恩商會」的會員其商業的交流更容易互相信賴和擦出火花，甚至利用獨特平台，定期舉辦國際扶貧活動、國際創業交流活動等等。因此我們有理由相信「國際恩商會」比上述其他國際商會更對社會作出更大的貢獻。

二、「截貧制富」制度沒有可以鑽漏洞的地方嗎？

☆ 答：

　　所謂世事沒完美，我們明白「截貧制富」項目總有

不足之處，例如如何保證令這些「勝利者」一定成功？
又或是如何保證令這些「恩商會」的會員成功後會履行
諾言？誠然，我們的確不能作出上述的「保證」，但我
們能夠列出一系列的方法去使到會員比一般經營者易於
成功及有效防止會員違背承諾的事情發生。

三、請解釋有關終生財產審計合約和終生良心合約

☆答：

終生財產審計合約是指每位「恩商會」的會員承諾終生
的生意無論是做帳、收支、固定或流動資產等等的審計都必
需由「恩商會」的義務會計師團所管轄，就算是每位會員在
「恩商會」的官方網站所公佈的 80% 家產及 20% 的隱藏家
產的一切資料，都全在「恩商會」的義務會計師團手上及公
佈，因此，如何在全民監控及義務會計師團眼底下轉移資
產，本身已經有相當的難度，而終生良心合約是指每位會員
承諾終生受合約的指定捐獻多少（包括動產和不動產）回饋
「恩基金」，其承諾是受「恩商會」的義務律計師團所管
束。因此，在此嚴謹的守則規範下，若果仍然還有會員敢以
身試法中途將名下資產轉給別人，也是沒辦法，只憑每位受
益會員從「良心」出發。不過，商會會員有互相監控及獨
立網站有公佈財政詳情的功用，一旦發現某會員違背「良
心」，都會懲罰及在獨立網站發佈公諸於世，相信也有效防
止違背良心會員發生。「終生良心合約」是按會員所簽署合
約中列明終生最少多少百分比家產捐獻給基金而言，因此會

員當然可選擇捐獻更多給基金，而他的「善行」也會在獨立網站公佈。此外，每位會員當逐步免息攤還本金給基金後，當自己有足夠盈餘時，可先行捐獻給基金，而無需一定等「百年歸老」後才捐獻。

另外，「恩基金」、「恩商會」及節目三項計畫都要全國招收義務律師群（訂立及制定終生良心合約、起訴有違良心合約的會員）、義務會計師群（管理每位會員的財政收入、監控基金財政、獨立網站財政公佈等工作）。

四、上述篇章有提到「恩商會」不同於一般的社團，一加入就終生不能退出，那麼會不會受全民監視甚至失去自由呢？

☆答：

所謂一加入「恩商會」成為會員就終生不能退出，其最大義務是指當會員「百年歸老」的時後就要履行其當初的良心合約捐獻某比例的家產，與及其終生家產有八成會經「恩商會」透明公佈於世上，不過也只是個數字，其個人私隱及生活也與普通人無異。即使是「恩商會」的會務我們也不能嚴格會員經常性參加。每個人的性格不一樣，有些會員可能注重業務不斷往上爬，亦有可能有些更熱心會務為社會多參與公益活動，對我們來說前者會為「恩基金」帶來更豐盛的庫房，而後者卻為「恩商會」的精神發揚光大，兩者同樣貢獻良多，我們希望各會員都能發揮所長，並且如同兄弟姐妹

一般，不止百分百自由，而且人生有了目標兼且一致，彼能互助互愛，不用孤身出戰，比一般普通人創業更易成功，更多摯友。常言道「為善最樂」，快樂儘管是富有也是買不到的，加入「恩商會」終生為善，自然一生快樂無憂，還夫復何求？

五、「恩商會」的會員在加入後要在其官網公布家產，然而一旦家產公布，就有多寡之分，會員也自然有排名，那麼排名較後的會員會不會有自卑之感？

☆答：

其實不會發生這個問題。這分兩個層面講，首先以實務面來說，所謂公布家產，一開始就只說公布 80%，而另有 20% 不做公布做為隱私，就有很大的想像空間。這 20% 從TA創業開始就有，如果一個會員好好運用這筆另外戶頭的錢，做其它的投資，那有可能創造更豐厚的收益，就如社會上很多人士其副業收益還比正業多一樣。所以會員彼此間根本無法確認誰最有錢，既無法確認，又何來說什麼排名優先順序，有可能加上那部份後，真實的排名完全不同，各會員的家產多寡要義務會計師團才知曉。再從精神面來說，恩商會的成員，彼此間情同手足，守望相助，大家有不同貢獻，有些專長生意，有些熱心社會事務，可謂各有一片天。從上述兩點分析，可看出最終是落實對社會貢獻最重要，而不是網站上的排名或數字重要。

六、節目真的可以選出對的人嗎？如果有優秀人才卻落選
　　了，或者被選上的其實是不誠信的人怎麼辦？

　　☆答：

　　沒有什麼制度是十全十美的，我們只能盡量做到最好。
當我們選取人才，自然有可能誤判，更可能錯失大才。這是
全世界所有企業徵才也同樣會面對到的問題，世界上沒有
百分百的解決方案。但我們的機制，節目每集落選者可再參
加，而每集落選者也一樣有機會再獲基金撥款創業，而且他
們一樣自動 成「恩商會」的會員，並且其地位與責任與其他
會員完全一致。基本上我們是幫助所有會員投資創業，一般
貸款需要擔保，需要償還，參加我們計畫沒有此顧慮，但成
功就要負更大回饋責任。當然我們不能排除有少部份勝出的
創業者是估名釣譽，假善心情況出現，但一方面本項目已經
定立恆常機制系有效防止會員違背承諾的事情發生，另方面
恩商會會員有一系列方法比一般人創業更易成功，怎樣算都
是對自己有利。此外，勝出的創業者當然是以當日的勝出方
案為最初的經營生意，但隨著歲月及他的成功，他有權可創
辦及經營其他生意。

七、「截貧制富」這個節目是獨創的嗎？

　　☆答：

　　是的。雖然我創作此項目之後才了解到現今中美傳
媒也有類似的商戰真人秀節目，但我敢相信和「截貧制
富」節目是完全不同的。

第一，據了解這些商戰節目內的參加者本身可能已經是個商人，也就是說儘管他們有好好的商業方案，主辦單位給他贏了也只是「錦上添花」，與「截貧制富」項目受惠的對象是普羅大眾（特別是心有大志想創業但沒資金能力的人），我們的角色就變成「雪中送炭」，意義完全不一樣。

第二，一般這些商戰節目注重是參加者的口才、商業方案的優劣，甚至連行業都可能在評審心中有一定的限制，但「截貧制富」項目卻注重參加者的人品，畢竟捐贈部份家產是一項長途賽，加上「行行出狀元」，我們更希望「恩商會」的會員行業百花齊放，況且每個人不一定永遠做最初的行業，他們有可能中途轉業，也有可能將來從事很多不同行業，因此參加者最初選擇的行業不會是我們評分的準則，只要參加者提出的方案有特色、人品優良、承諾成功後會履行良心合約的義務便可。

第三，鑑於我們是一項長途賽，但有些會員可能年青就成功，有些卻是大器晚成，也就是說在節目中口才了得或口若懸河不代表參加者將來永遠成功。

一個人成功是講求天時地利人和加運氣，我們的項目是希望獲勝者最後都能成功（當然是指平均數字），而不是在節目口才了得贏了評判便可以。

第四，這些商戰節目的選手都要經過海選、面試、初賽、複賽、決賽及總決賽多個淘汰賽到獲得前幾名才

有資本獎金，也就是一個季度的比賽才有幾名獲勝者，受惠的範圍非常有限。而我們的項目是希望每周有3名獲勝者，一個月就有最少 12 名，值得留意的是，我們是希望愈多獲勝者（即愈多「恩商會」會員）愈好，因為將來的「恩基金」才會愈滾愈大。

第五，由於這些商戰節目一個季度的比賽才有幾名獲勝者，因此他們的獎金就很驚人，這點又與我們的出發點不一樣，我們的資本獎金只得新台幣 100~200 萬元（以台灣為例），其用意是除了希望想受惠的人更多之外，我們也是具備兩種教育的意義：其一是得人因果千年記，其二就是培育他們從小做起，穩打穩紮才懂得珍惜，一如現在很多富人白手興家，細水長流一樣。

八、原本社會上就會有很多慈善團體，也有很多大富豪願意做捐獻，「截貧制富」制度有更好的效果嗎？

☆答：

事實上，「截貧制富」系統的創立，就是因為原本社會的體系有缺陷。最大的缺點就是不透明。世界上每一個慈善基金基本都是等著世上善心人的捐獻，才可前仆後繼。可惜這些基金屢屢透明不足，令善心人裹足不前。就如香港政府設立「關愛基金」，一開始就是如同巴菲特及蓋茨擺設「富人宴」，呼籲當地富豪捐獻，但這些商人頭一次捐獻了，他們會繼續不停捐獻嗎？答案肯定是不會的，因此去年香港政府就要自己掏腰包注入

500 億港元到「關愛基金」，那麼是代表這些富豪缺乏善心嗎？本人不是這麼認為的，首先前提一般慈善基金欠缺透明，二來一般慈善基金往往是根據個案撥款，有災救災，有難救難，如果是天災人禍的意外事件，物資救援自然無可厚非，但很多用於長期補助支援窮人過活，長遠來看絕對是治標不治本方法。上述兩大原因，做成一些富豪會產生即使想回饋社會也會用自己的想法行善，而不用假手於人，處於被動位置，香港商人李兆基最近頻頻捐獻土地建老人及青年房子，就是一個明顯例子。因此「恩基金」的成立，既透明化每筆資金進出，也不停培育「恩商會」的慈善戰士，為「恩基金」源源不絕生生不息制造善款，為社會作出宏遠的貢獻，相信會令這些富豪改變傳統想法，從而支持「恩基金」及捐獻的。

九、聽起來，「截貧制富」體系似乎主要目的是創業，但最後會落實到公益慈善嗎？

☆答：

的確，一開始 「恩基金」的錢是不斷用來為「恩商會」會員提供創業基金從而不停培育慈善戰士，那會「恩基金」會不會參予社會或國際其他慈善救援呢？答案是絕對可以和應該的，不過，理論上「恩基金」在初期是不應參予社會或國際其他慈善救援的。因為「恩基金」的原意就是不停扶助有志青年創業從而令他們成功後捐獻部份家產從而又再一

幫十、十幫百（活像老鼠會形式）的方式去不停培育慈善戰士，形成善款呈金字塔效應愈滾愈大，但當「恩基金」當滾存到一定的「積蓄」，就可撥出「多出」的善款去捐助社會或國際其他慈善救援，甚至設立機制去完善有利社會的事，比如設立獎學金去培育清貧人士，甚至設立各項類似諾貝爾獎金去獎賞及鼓勵對社會作出貢獻的人士等。也就是說「恩基金」的獨特之處就是可以自給自足，但人的心理就是這樣，當你不求別人捐助時候反而令世人信心十足，加上獨有的透明機制，可望外人的捐助也會源源不絕，這時，就會提早及應該做多些參予社會或國際其他慈善救援的事。

十、「恩商會」的成員是終身的，但人終會凋零，整個制度的傳承概念是什麼？

☆答：

「恩商會」的功能及職責就是有義務捐獻家產到「恩基金」，並要每年一屆選出理事會去自行完善及管理「恩基金」，同時「恩商會」的初期會員應該都是年青一輩，但隨著年代走遠，新會員仍然是年青一族，但舊的會員就會逐漸變老，因此「恩商會」的管理層理事會建議採用「JCI 國際青年商會」模式，老會員到達某一年紀時就自動成為名譽會員，曾當理事會的也就成為名譽理事等。

十一、「截貧制富」制度鼓勵創業，但若「恩商會」會員想發展出獨立品牌，但自己又沒此能力怎麼辦？

☆答：

　　當一個參選人通過決賽成為「恩商會」會員後，其獎金未必足夠一開始就足夠營運一個發明或品牌，但如果某會員能把最基礎的根基打好，而且所經營的項目是充滿商機和潛力的，「恩商會」會員可通過「恩基金」再撥款支持發展，主要原因是「恩基金」是「恩商會」會員共同擁有的，他們每一位都是「恩基金」的鬥士，根本不存在競爭及分開彼此，大家都是走同一條路：為「恩基金」而努力奮鬥。至於有「恩基金」撥款創立的品牌，這個會員和「恩基金」的股份和利益的分配也很簡單，也一如外間的融資生意一樣，比如這個品牌啟動資金需要台幣 1000 萬，這個會員只能出 300 萬，那麼即代表「恩基金」撥款 700 萬，也就是這個生意將來「恩基金」擁有 70% 股份和利益的分配，而這會員則佔 30%。至於這個發明或品牌是否值得投資，就要分別經「恩商會」的商業顧問團及董事局的審核及投票才通過。

十二、剛才提到「截貧制富」體系能使「恩商會」會員比一般經營者易於成功，何解？

☆答：

　　節目勝出者雖然會先獲一份創業金，但首先他們會

接受「恩商會」的商業顧問團短暫的授予經營之道，並教導他們如何減低失敗的風險。此外，可望隨著「截貧制富」的項目成立得到社會各界的認同後相信自然也獲得不同領域的商家贊助，例如地產商免費或折扣租出舖位或辦公室一段時間、公司器材及裝修、公司運營後某些材料等等，此外，凡勝出者所經營的生意，都會貼出或掛上屬於「恩基金」的標籤或牌匾讓客人知曉，試想想，如果舖位生意，客人知負責人的愛心，同時知道自己吃的、買的及光顧的都有部份變成善款，除非經營者產品或服務出問題，否則同一價錢怎會不光顧？如果是辦公室非服務行業例如一般寫字樓生意，眾所周知，任何人想和一個陌生從未合作的人初期多少總有點戒心，但如果當知道這個新合作的人是「恩基金」會員有此愛心，最起碼在信心方面已獲得初步保障，久之久之，無論「恩基金」「恩商會」會員的舖位門市或辦公室寫字樓生意，一定有很多客人是慕名而來，因此在這種特殊推廣效應下，「恩基金」會員的門市或寫字樓生意一定比其他人強而成功的機會的機率也自然增大。

此外，現今世界已經愈來愈難再有白手起家，因為往日二戰結束世界百廢待興，差不多到處都是機會，只要你少少成本、肯想、肯博，不難找到機會，如果經營獨特加上幸運，成為富商也比比皆是！可是，當每個社會發展到某一程度空間變小機會也自然縮窄，而最重要是，由於競爭激烈，任何新意的生意都好容易被更大

的同行仿做甚至取代，如果新發明卻無能力開發者更可被財團用少少的錢就可收為己有，在惡性循環下，社會只會富者愈富，貧者愈貧，白手興家的機率自然愈來愈少。在此情況不，社會也只會愈來愈分化，富貧愈會對立，而「截貧制富」項目的建立就是最有效減低這種情況產生，一方面除了扶持無金錢能力但有創意的人才外，特別是協助新發明者開發他的產品而不致於每每留入財團所壟斷至為重要，這樣我們就可為這些有心有力的人帶來希望重拾「微笑」，而這種「微笑」就是最有效根治各國政客高喊減貧減戾氣減分化的最佳良方。

Note

附錄二

現實主義者與理想主義者的對談實錄

社會上有種種不同的價值觀，沒有所謂的絕對「對」或「錯」。以「截貧制富」這個主題來看，相信社會上也會有多元意見。我在此就簡單將觀點分成兩大類，亦即現實主義者與理想主義者。不庸贅言，現實主義做事情考量實際效益，但經常太現實了，而少了熱情，相對來說，理想主義者，充滿熱情但會被評為不切實際。社會上兩種觀點都需要，在此，我就以對話方式，讓讀者可以更瞭解我的觀點。

☆ 現實主義：中國人比較急功近利，這麼長遠才看到成績的節目有人看嗎？

☆ 理想主義：我們應該把重點看看整個項目最終是否有效根治社會的貧富懸殊，與及最終會否淨化人心，教化人民知恩圖報。電視節目的可觀性及收視率應該交由電視台考慮，用不著我們擔心，況且項目其中的電視節目，除了電視台播放外，也應同時與網上平台聯播，前者或會前期（新鮮感）及後期（端出成功及失敗的個案報導及分析觀眾應感興趣）較吸引，但中期仍可在網上平台播出。事實上，社會的貧富懸殊不止是國際性問題，而且本來就是深遠問題，怎可能是短期內就可解決？雖然是長久戰，但只要有效有用，加上電視人懂得如何把節目橋段推陳出新，而「恩商會」及「恩基金」綜合官網又那麼內

容豐富及眾多獨有資訊，我們還擔心上述節目和官網沒人看嗎？

☆ 現實主義：所謂道高一尺魔高一丈，參加的人如果成功後設法調動資金或想盡方法逃避捐獻怎麼辦？

☆ 理想主義：縱使道高一尺魔高一丈，但一尺的道就能抵消一丈的魔，真理長存，邪永遠不能勝正！也就是我們不能排除這種可能性，但我們應該面對問題而不是逃避問題！假如各方認為這個項目的大方向可取，卻害怕這種可能性發生而放棄，那豈不可惜？！再者，我們的項目有別於一般競爭的節目只選取第一二三名，而是廣納會員（「恩基金」愈多「恩商會」會員就愈多，同樣「恩商會」會員愈多「恩基金」也愈多），所謂「樹大有枯枝」，到時只是一小撮會員挑戰「恩商會」法規算不了什麼，況且「恩商會」的會員的生意從第一天起就受到「恩商會」的顧問委員會及全民監控，生意每筆的收支也是受「恩商會」的會計師團審計，而萬一發現會員有蓄意調動資金逃避捐獻及証據，會受到「恩商會」的律師團起訴和在「恩商會」網上除名並公諸於世，那時，相信比「本來

無一物」時更慘，有效避免會員以身試法！
同時，不要忘記「恩基金」是由「恩商會」
管治的，會員逃避捐獻會令「恩基金」損
失，也等於是全體會員的損失，隨著時移
勢易，當「恩商會」發展到某一程度後，各
業專才都擁有，就更不怕想不到更完善的法
制去規範這些害群之馬，因此，這問題我深
信集四方之力一定可以去面對。最後也有一
點很重要，人們最想活得成功、開心及有尊
嚴！不是嗎？投入「恩商會」的會員，雖然
要最終捐獻家產「恩基金」，但不要忘記只
是部份，而他們的創業資金是來自「恩基
金」，他們走的路都比其他人來的更易成
功，他們也在「恩商會」的小社會中互相扶
持，高尚的人生目標也清晰自然活得開心，
不平凡的抱負也受周邊親朋和客户、員工的
尊敬，如此如魚得水的人生，有必要為逃避
捐獻而自毀前程，因小失大？我想愈精明的
人更不會這樣做。

（註：「恩商會」的顧問委員是「恩商會」及
「恩基金」成立之初各地邀請社會賢達義務
擔任，但隨著「恩商會」的成長和會員不斷
增加，相關專才自己會員都擁有時，這些顧

問委員的功能就逐漸消退，最終會務全部運作都交由「恩商會」管理層自行處理。）

☆ 現實主義：「恩商會」的會員之後做別的生意可以嗎？做不好又可以賣掉嗎？又可以調動自己資金投資物業嗎？或趕在捐獻前先把現金或物業贈送親人嗎？

☆ 理想主義：首先要知曉這個項目的「遊戲規則」，我們除了要求「恩商會」的會員當最原本的生意（即「恩基金」資助的生意）在生意一年後按月攤還本金給「恩基金」、其生意會一直受到「恩商會」的顧問委員會及全民監控，但除了終生其生意受「恩商會」的會計師團審計外，其生意自由度及生活自由度與社會人士沒兩樣。而到百年歸老，死後其家產及生意、物業等等都按「良心合約」內列明的比率（30，40或50%）捐給「恩基金」，也就是其流動資產會即時按列明比率捐給「恩基金」，固定資產無論個人或集體擁有的，甚至跨國的，一律按列明比率「恩基金」長期擁有，但這時如果其家人或集團公司想買回其比例的物業或股份是可以的，只要按當時正常市價便可，而上述工作也是「恩商會」的顧問委員會、「恩商會」的會計師團

和律師團所處理。因此，「恩商會」的會員在中途絕對可以做其他生意，而且理應不受「恩商會」的委員會的批准就可個人自由決定，因為是否成功始終靠會員的眼光和能力，不過當他們成功，無論將來分策多少個生意，個人或合夥經營，統統都歸屬將來要按比率捐給「恩基金」。至於做不好當然可以賣掉，但必須具備合法性，也要經「恩商會」的委員會批准，例如賣出的價錢是否合理？會員賣出的理由是經營不善、轉變行業還是身體不佳？如此規範是因為儘量避免會員以「賤價」售與親人逃避捐獻，同時同樣的價錢，「恩商會」同行的會員能優先購買。如果會員即時轉變行業或者後來從新覓地經營，其生意也自動同樣受「恩商會」監控和令「恩基金」受惠。至於調動自己資金自由投資債券或物業當然可以，因為這些一樣按比例「恩基金」擁有。但把公司或個人資金、債券或物業贈送親朋就一樣必須具備合法性，當每年超過某一比例（不能以數字為標準，因為每個會員成功的程度不同，一個普通會員和一個已達富豪級的會員其贈送親朋的物品價值就可相差很遠。至於某一比例才最合適，就等各地的相關專家來評定）

價值的物品要贈送親朋前需經「恩商會」的委員會批准。同時，上述贈送的親人的規範，也包括妻子、丈夫和子女等直系親屬。

☆ 現實主義：「恩商會」會員的評審標準如何？如果節目一周只可選拔三人，在中國大陸一地，似乎幫助到的人太少了，有何方法擴大令更多人受惠？

☆ 理想主義：我們不要忽視一個事實，現在世界各地很多富豪和商界俊才，他們未必受過高等教育或專業培訓，所謂「英雄莫問出處」，人的成功也許是他們的特殊天份或命運速成，由於我們最終都是希望會員成功，但更希望他們都擁有一顆慈悲的愛心。鑑於我們項目的獨特性是個終生承諾，也可說是個終生遊戲，因此「恩商會」會員的評審標準應該以人品、善心、愛心、誠信為最重要，其次才是學歷、專長、經營生意的手段、獨特、創新、應變等等為條件。由於項目屬國際性，但各地人口、文化和環境也不一樣，因此項目中的節目也應按各地需求不一樣而有所調節，在中國大陸一地，如果節目一周只可選拔三人的確是太少，因此項目的定明，當「恩基金」有充足的資金後，就可不停的吸

納曾經在節目落選但其實是條件不俗的人士為「恩商會」的會員，這些會員和在節目入選的會員其義務、責任、地位完全一致，事實上曾經落選的會員，其將來成就絕不亞於直接入選的會員。另外節目還有一個特色，除了在節目正常的選出三位優勝者外，每一集出現的明星嘉賓，又或是電視觀眾，都可現場或致電熱線贊助某心儀的參賽者，另外在節目播出後也會把落選的參加者所有個人資料上傳到官方網站，從而令錯失收看節目的觀眾一樣可上網查閱，並從落選者名單中尋求心儀者然後贊助其創業，由於由民眾、商家贊助參賽者的名額多寡不受設限，也就是說即使是中國大陸參賽者多，但能贊助二三十萬（台灣一地我們定出 100，150，200 萬新台幣為創業獎金，在中國一地，我們暫定為 20，30，40 萬人民幣）的個人或公司也一樣多，而且因為中國大陸人口眾多，平時的捐款比例也同樣多，因此最終受惠的人數自然也多。

☆ 現實主義：如上述所說除了節目上的評審人民或公司都可贊助參賽者，會出現這個可能性嗎？

☆ 理想主義：絕對有此個可能，其實中華民族慈善捐贈的

傳統源遠流長，從古到今，特別是每逢大災大難，無數人真誠奉獻自己的愛心，感天動地的事例不勝枚舉。加上「恩商會」會員的獨特性，您贊助了此人，此人就成為您的「慈善戰士」，TA 成功將來就會承接您的恩寵再會百倍千倍回報您制造下線的「慈善戰士」，令您的捐款比任何捐贈都來的更有意義，而且由您選出的人 TA 的成功度屬高屬低，都非常考驗您的眼光，而且您是終生看著 TA 的發展（即使沒接觸都能從官方網站中了解到），只是贊助一百萬起新台幣（二十萬起人民幣）就能做出如此有意義及與有榮焉的事，我想會有很多人願意。

☆ 現實主義：「恩商會」會員的評審中可從 20 歲選到 50 歲，評審從何作出標準？

☆ 理想主義：眾所周知，人的成功是綜合很多條件，有些人少年得志很早就成功，有些人積累經驗到中年發功，但也有不少跌跌撞撞才大器晚成。二十出頭的青年勝在有活力接受新事物快，三四十壯年的勝在成熟有魄力，而五十之前則人生經驗最豐做事更能面對困難，所謂各善勝場，互有優勢，始終「恩商會」最終都是希望會員成功，因此在年齡上的設限

會較寬一點。與此同時，由於項目的三環包括「恩基金」最終都是由「恩商會」會員全權處理，因此我除了希望會員在商場上成功，也希望能吸納不同年齡、不同專才卻又熱心會務的會員，因為這樣才能集思廣益，大力推動「恩商會」及「恩基金」的向前發展。如此說來，一個商場成功長袖善舞的會員為將來「恩基金」捐獻巨大的庫房，另一個只是一般成功捐獻有限卻熱心會務為「恩商會」開天闢地貢獻良多，在我看來二人同樣偉大，更不能衡量比較。

☆ 現實主義：如果某會員的生意其實前途不俗但因某些原因只是短暫的帶來生意危機那又怎麼辦？

☆ 理想主義：項目的「恩商會」有別於其他商會，因為「恩商會」的全體會員出身完全一致，而且都是除自身的事業打拼外，也視一生為慈善公益而奮鬥，因此我們有理由相信，「恩商會」各會員間毫無威脅性，即使是將來行業相同的會員，也應如兄弟姐妹，互助互勉。如果遇有同行會員經營不善，經「恩商會」委員會的傳達或安排，同行會員會願意出手相助，或是金錢上或是技術上，甚至是收購部份股份使之正常運作。儘管「同行如敵

國」，但「恩商會」就與眾不同，首先每個會員都可能有困難時候，而被支援的也不是外界同行而是自己屬會的兄弟姐妹，加上會員的倒閉也直接影響「恩基金」的損失，基於目標一致，休戚與共，我們對會員間的互相互勉的可能性是抱著樂觀態度的。

☆ 現實主義：「恩基金」只是用於培育「慈善戰士」的創業資金嗎？在初期還未有會員捐獻家產它的收入是什麼？

☆ 理想主義：原則上，「恩基金」收入依次是電視及網上的部份廣告收益、官網的會員費收益（這裡是指人民當入官網時可看到「恩商會」及「恩基金」的介紹、新聞、活動、全體會員的公司名單及介紹等等，但如果想進一步看有關數字：「恩基金」的每筆收支、外來的捐款詳細列明與及全體會員的 80% 資產公佈就必需先加入一般會員，是付年費的，而這些年費也撥入「恩基金」收益的）、公司及社會人士的捐獻、會員的創業本金無息逐步攤還以至最後陸續有會員捐獻家產。同時，「恩基金」在初期運作只是用於培育「慈善戰士」的創業資金，除非社會人士的捐獻很多，能夠有足夠資金儲備培育未來的

會員之餘，還滾存很多善款可以做別的社會慈善公益之事。事實上，往往不求別人時善款就不請自來，加上「恩基金」首創史無前例由誕生日起就會在官方網站上透明公開每筆善款的收入和支出，讓國民完全知曉基金的流向和滾存，因此可望大量吸納民間的公司或個人善款，特別像影星周潤發夫婦，由於膝下無子嗣從而打算捐出財產逾 10 億港元，可是在社會上，類似周潤發夫婦膝下無兒無女或單身終老的何其多？如果他們都了解「恩基金」的運作，相信定必是他們最大的倚靠。為此，無論初期或若干年，「恩基金」早晚都像金字塔般或滾雪球般愈滾愈大，作為「恩商會」的最大宗旨——不斷培育「慈善戰士」，因此當「恩基金」滾存到一定數字時，應有規定一個比例數額撥作教育基金，以資助社會最下貧窮線的兒童教育（發達國家有國民免費教育除外）、資助清貧大學學生、資助有特殊才能學生使之成才，一方面減低政府壓力及分擔原來富人的捐獻，令社會更為和諧，另方面也未雨綢繆為將來吸納「恩商會」的會員而先孕育好苗子。

☆ 現實主義：「恩商會」會員在初期是各自經營自己的生意，但既然各會員是兄弟姐妹，他們最後又可否選擇志同道合的幾人合夥做生意？

☆ 理想主義：原則上，「恩商會」會員都是視一生為慈善公益而奮鬥，最終都是希望為「恩基金」捐獻更多（也等於為自己積聚更多財富），因此最後無論個人或合夥經營，對我們宗旨本身無衝突，而且相信多一些志趣相投、目標一致的會員能走在一起合夥經營，應該令會員之間更相互了解和更團結。此外，我們項目還有一特別之處，之前提到世界各地每年都有不同的產品的發明，但由於很多發明人沒有條件開發從而落入商家之手，形成富者愈富的惡性循環，今天的「恩基金」的誕生，就可成就這群懷才不遇的人，無論是產品新發明或新的理念生意，也無論是否該創作者是「恩商會」會員或非會員，只要有會員得悉提交資料給「恩商會」委員會，經審核和證實有可為後，「恩商會」委員會便可諮詢及徵求同類生意的會員是否有興趣經營，經投標後條件最合適的就可獲取經營（有可能個人或合夥，視乎該新產品或生意的投資大小）。

☆ 現實主義：最後，「恩商會」會員簽下的「良心合約」列明 30，40 或 50% 捐給「恩基金」會不會多了一點，這個比例會有可能改嗎？

☆ 理想主義：我定出 30，40 或 50% 捐給「恩基金」的比例，首先是從世上最富有的人——比爾・蓋茨（Bill Gates）為考量點，一個人其財富本來就是自己所制造都可以全數捐獻社會作慈善用途，以至台灣商人張榮發及香港藝人周潤發，也一樣願把財富捐作公益，特別是張榮發先生，他曾強調錢是流轉利世之物，不應獨享及不留子孫就更受人民敬仰。「恩商會」會員的創業基金來自「恩基金」，失敗既不會追究還款，成功則多多少少有賴「恩商會」的正氣加持，受各方商家、民眾的支持和愛戴，除了享受易於成功的結果外，一生行慈找到自己的烏托邦而活，相信其快樂和意義絕不是金錢買到，因此，當成功後只是捐獻 30，40 或 50% 於「恩基金」，而「恩基金」又是用來培育下一代的「恩商會」會員，同時也是自己「恩商會」會員所主理，因此我有理由相信上述比例的捐獻對於「恩商會」會員來說是樂於接受的。當然，「截貧制富」項目除了獨有的核心概念：包括「恩商會」會員以一定比例

捐獻家產回報「恩基金」以及「恩基金」是世上全透明最陽光下的基金等等是不能動搖外，其他一切的恆常機制和規限，例如「截貧制富」節目的創業獎金的多寡、會員捐獻家產的實際比例、更好的監控良策等等都可在實行時由各方專家集思廣益下使之至臻完美。同時，由於「截貧制富」項目適合任何國家地方推行，因此一旦各項機制成立依法成據後，倘若某地的「恩基金」他日成長快速，當滾存到一定程度時，「恩商會」會員的捐獻比例是否可以減少，就要待當地「恩商會」委員會及全體會員、社會共識等通過了。

Note

附錄三

社會公益事項有感

◎ 在 2010 年由美國微軟公司創始人比爾蓋茨（Bill Gates）和投資家沃倫巴菲特（Warren Buffett）聯合發起的「捐贈承諾」行動，雖不是首次有富豪表示要捐獻財產，在一百年前，美國就有兩個頂尖富豪洛克菲勒（John Davison Rockefeller）和卡內基（Andrew Carnegie）就曾捐出相當於現在的 140 億美元的善款。但這個捐獻承諾卻是罕見的由世界頂級首富所發起的，將一半以財產捐獻出去的捐贈運動。其影響所及，在當年就立即號召了超過40位億萬富翁或家庭承諾，將把自己的過半財產捐獻給慈善事業。並且其影響力仍在持續。

　　依照已對外公開的名單，參與此一捐獻承諾的除了蓋茨夫婦及巴菲特外，還包括微軟創始人之一保羅艾倫（Paul Allen）、甲骨文公司創始人拉里埃里森（Larry Ellison）、紐約市長邁克爾布隆伯格（Michael Bloomberg）、華裔生物製藥大亨陳頌雄夫婦、名電影導演喬治盧卡斯（George Lucas）等。此外，洛克菲勒家族族長戴維洛克菲勒（David Rockefeller）、希爾頓家族的巴倫希爾頓（Barron Hilton）等大家族繼承人和美國有線電視新聞網創始人特德特納（Ted Turner）也出現在名單之列。

　　其實在那之前，這些富豪們就持續行善，例如 2006 年 6 月，巴菲特簽署捐款意向書，正式決定向 5 個慈善基金會捐出其財富的 85%，約合 375 億美元。這在當時是美國和世

界歷史上最大一筆慈善捐款。巴菲特準備將這筆款項中的絕大部分——約 300 億美元——捐給比爾蓋茨及其妻子梅琳達（Melinda Gates）建立的「比爾與梅琳達蓋茨基金會」、「The Bill & Melinda Gates Foundation」。巴菲特的慷慨捐贈一夜之間使蓋茨基金會可支配的慈善基金翻了一番，達到了 600 多億美元。

而另一位捐贈承諾行動發起人比爾蓋茨，也早就行善多年，西元 1994 年，他就在父親的建議下，拿出了 9400 萬美元以父親威廉蓋茨（William Henry Gates，Sr）的名義創立了基金會。1997 年，他又創立了蓋茨圖書館基金會，後來更名為蓋茨學習基金會。2001 年，蓋茨將這兩個基金會合併為「比爾與梅琳達蓋茨基金會」（蓋茨基金會），成為全球最大的慈善基金組織。2005 年，蓋茨在英國倫敦慶祝自己 50 歲生日時宣佈，數百億美元鉅額財富將悉數捐獻給社會，不會作為遺產留給子孫。他還在遺囑中表示將拿出 98% 的資產給蓋茨基金會，這筆錢用於研究愛滋病和瘧疾的疫苗，併為世界貧窮國家提供幫助。

另一位世界頂尖富豪索羅斯（George Soros）也長久以來是個樂善好施的慈善家。在他快 50 歲的時候，他想到了以更為系統的方式從事慈善，並決定每年為慈善工作貢獻 300 萬美元，他的基金會「開放社會研究所」也同時應運而生。這個慈善基金。現在規模已經相當大了，該機構存在於全球 60

個國家，它們有各種不同的項目宗旨，如正義、媒體開放、婦女權利、教育進步等。

——從以上幾個案例看來，外國人還不需等待生命終結時才捐獻自己的家產，當然，一般平凡人待百年歸老時捐獻自己所有的家產而不留子孫也是平常事，但若能以世界首富的身份來做表率，積極做出捐贈財富幫助社會的貢獻，其對慈善事業發展，有非常深遠的影響。這也是身為一個富豪除了本身已財富做貢獻外，現在再輔以自己世界級的影響力，其善行效率加倍。不過，儘管他們多麼有心，捐贈如何的大，但他們不在時，後人又能否善用這些基金，並且發揚光大為社會作更大的貢獻，實在值得他們及從事公益人士的深思！

◎　2012 年，選前力挺九二共識的台灣長榮集團總裁張榮發，除了關心政局和經濟，近年更全力投入公益。當天上午他和媒體記者暢談投入公益的看法與態度，他強調台灣的窮苦人越來越多，呼籲更多民眾一起做善事。他更說，身後要把所有的財產都捐給張榮發基金會，不會留給子孫，「小孩子有股票，可以生活就好，其他的就要自己拚！」據悉，篤信天道的張榮發相信因果，他曾說企業存的最後目的是為服務人群、回饋社會，錢是流轉利世之物，不應獨享獨有。很多人認為賺很多錢就是富有，對他來說，努力賺錢不是罪惡，但賺很多錢的快樂是短暫的，因為擁有而得到的，也會

因為失去而痛苦。

——一直以來，台灣包含慈濟及諸多宗教團體積極參與國際公益，在幾次的世界級災難中，台灣人的愛心不落人後也獲得普世尊敬。但在富豪捐款這個領域，台灣觀念上仍比美國晚。然而若有愈來愈多像張榮發這樣的以身做則做捐獻的人站出來，相信台灣的公益形象會愈來愈好。張榮發曾說，年輕人不應只靠父母，也不要怨天怨地、怨父母，應學習如何承擔。為此他身後名下所有財產都會捐給基金會做慈善事業，不會留給子孫，他也期待他的子孫，繼續為社會做善事，幫助更多需要幫助的人。張榮發先生心繫天下寒士，胸襟如此闊綽雄偉，怎不令人欽佩！

◎ 2013 年 6 月，台灣鴻海董事長郭台銘宣佈，他已經在第 2 季完成公證，未來將把 90% 的財產捐做公益，只留 10% 給家人等相關人。根據福布斯當年 3 月公佈的富豪排行榜，郭台銘以 51 億美元，排行台灣第三，因此郭台銘將捐做公益的財產金額超過 45 億美元（約 1350 億台幣）。由此可見，郭台銘做公益最突出的特點是用經營企業的思路扶助弱勢團體，他認為鴻海集團龐大的消費能力和服務需求恰能為社會其他服務機構提供商業機會和就業空間，這也是公益的一個突破口。

——在台灣，郭台銘是一個很重要的精神象徵，雖然

依照 2013 年的財產統計，他不是台灣首富，但在台灣民眾印象中，郭台銘就是富豪以及實業家的象徵，甚至在民間各種文章裡，每當要形容富人，就一定會以郭台銘做代表。同時郭台銘的管理模式，企業霸主的形象也深入民心。今後，無論郭台銘的財產在台灣排第幾名，他因為事業經營所帶來的成就，仍會讓他名列台灣最知名的企業家。而以這樣的身份，他能帶來的影響力自然非常大，特別是身為許多年輕人的創業偶像，他可以帶來正面的啟發。

◎ 2014 年 1 月，香港影視巨人邵逸夫在家中離世。邵逸夫除了醉心電影電視發展外，亦是一名大慈善家，晚年熱心公益，被譽為香港慈善的先驅者。1973 年，66 歲的邵逸夫以校董的身份向香港「蘇浙公學」捐贈 50 萬港元，為其興建一座藏書 3 萬多冊的新型圖書館，正式踏上慈善之路。而邵逸夫早於 1975 年便創立香港邵氏基金，屢屢大額捐贈予世界各地的教育、醫療或其他福利事業。如今，邵逸夫歷年低調捐助社會公益、慈善事務原來已超過 100 億港元。

——人生在世，終有一死，不論生前擁有多少財富，死後都不能帶走。許許多多的名人富人過世，只留下「他生前曾經很有錢」的街議巷談，糟一點的，甚至因家產鬥爭，死後子孫還留下醜聞上社會版。相較來說，若身為一個富人，但生前對社會有積極正面的貢獻，投入慈善事

業，或者經常行善，那他們死後留給後人的，就真的會是無限的懷念。邵逸夫先生不止為亞洲影視貢獻良多，而且更默默在中國遍地作育英才，遺愛人間。

◎　雖說香港小小彈丸之地，但每年慈善項目及籌募善款之多，就非常驚人。除了邵逸夫，其實香港不少富豪在事業有成後，都有回饋社會的習慣。其中香港首富李嘉誠於 1980 年成立的李嘉誠基金會，至今已捐出逾 145 億港元，支持教育及醫療等公益項目。而香港地產商李兆基最近也頻頻捐獻土地建老人及青年房子，為善不甘後人。

——國父曾說：「人人當以『服務』為目的，而不以『奪取』為目的。聰明才力愈大者，當盡其能力，服千萬人之務，造千萬人之福；聰明才力略小者，當盡其能力，以服十百人之務，造十百人之福；至於全無聰明才力者，亦當盡一己之能力，以服一人之務，造一人之福。」這句話用在富人身上，最是洽當，富人正是可以「服千萬人之務，造千萬人之福」的代表。像李嘉誠、李兆基先生等所從事的善舉，發揮富人最大的正面以影響力，為他們贏得尊敬。

◎ 2009 年 6月洛杉磯當地時間 25 日下午，麥可傑克遜（Michael Jackson）因病不治身亡，終年 50 歲。談到傑克遜，人們最先想到的或許是他聞名遐邇的「太空步」、他越

來越白的皮膚，他豪華帶著遊樂場的夢幻莊園。然而可能很少有人知道，他還保持著 2006 年吉尼斯世界個人慈善紀錄：他一人支持了 39 個慈善救助基金會，是全世界以個人名義捐助慈善事業最多的人。他譜寫過多首慈善歌曲，堅持每去一個地方去醫院孤兒院探望，還收養了多個孩子，給他們帶去最好的生活和教育。儘管有些同時帶給他麻煩，他的愛心還是一如往昔。

——身為一個藝人，社會形象好壞參半。許多因為表演生涯的關係，在娛樂圈經常和緋聞或奢靡生活扯上關係，且身為公眾人物，一舉一動都動見觀瞻，做任何小事都被用放大鏡檢視，也造成一些藝人的社會形象並不好。以麥可傑克遜來說，在他生前的確就有很多負面傳聞，甚至成為被嘲笑的對象。但他因為投入善行，從事公益，這也帶給他很多正面的肯定，大大抵銷了他原本的許多醜聞。而隨著時間過去，當年受他正面影響的人，也都會永遠記得他，以此來說，行善本身不是刻意要帶來什麼自身的好處，但終究善有善報，世人不會忘記行善的人。

◎ 台灣天王王力宏為了把更多的錢用於慈善，他就將省錢進行到底，不但平時不愛購物，就連拍電影也是花別人的錢。據悉，王力宏致力於慈善事業，他說「我有 20 個孩子，我還要繼續領養。」為了把更多的錢用於慈善，王力宏笑稱平時基本上不購物，一件T恤可以穿 50 多次上節目。他

把九成的錢用於慈善，一成用於做音樂，而拍電影，就乾脆用投資商的錢。王力宏也曾在社交網站分享他在美國為了替劇組省錢，自動放棄下榻豪華酒店，轉住月租房，還親自動手打掃房間；網友讚他是有巨星身價的勤儉藝人。

——一直被環保慈善的光環照耀下的王力宏，就連做演唱會也沒放過宣傳愛的主題環保的理念，不愧身為多個大使稱號。之前王力宏的火力全開世界巡迴演唱會也打出了《愛地球、愛音樂》的環保口號，呼籲大家能夠愛我們生活的地球，愛音樂，愛生活。同時王力宏一直跟世界宣明會密切合作，在他的影響下，很多他的歌迷也積極投身於公益事業。所謂「水能載舟亦能覆舟」，一個偶像藝人其行為影響粉絲至深，如能向善帶給粉絲正能量，演藝路途才值得受人愛戴。

美麗與愛心並重的徐若瑄，曾在 08 年獲封為最具魅力慈善之星，讓人們看到了徐若瑄無須過多修飾的美背後，有對在默默地幫助著需要幫助的人的隱形愛心天使翅膀。她也曾聲援媽媽做公益，謙稱媽媽比她更熱心在公益活動上。徐若瑄還說「我一直很感恩我們都很平安，所以除了努力自我，我也很希望大家能不忘關心那些還在受苦的人，每一個人有錢出錢有力出力，那這個社會會因為我們的一份力量變得更溫暖。我對疾病和兒童的專案，會更關注。」

——徐若瑄最近低調與新加坡富商李雲峰註冊結婚，並發表甜蜜宣告：「下輩子還要嫁給他」。說到徐若瑄人們總會聯想到舒琪，這兩位現在貴為台灣的女神，因為其出身相似且同樣經過多年努力而成功洗底，成就為一線女星。所謂「英雄莫問出處」，從低處爬起所獲的成功更會珍惜和可貴，只要心正心美，多行善事，自然知足常樂，幸福在眼前。

　　時常擔任愛心大使的范瑋琪和老公黑人歷來在各地資助了不少的小朋友，她希望用自己一點有限的力量，讓這些孩子得到幫助，擁有一個更加快樂的童年。范范除了自身的慈善品牌外，對參加各種公益活動也十分熱心，這其中還包括了中國的「我要上學」活動。她表示，相信在中國的各個角落，都有許多孩子再等待著大家伸出援手。范范也曾多次隨展望會前往阿富汗等落後國家，探訪飽受戰火威脅的兒童與婦女，「每次經驗讓我感受到，世界上仍有許多地方需要我們盡一己之力來幫助，因此回來之後，就決定加入資助兒童計畫。」

　　——的確，這世上有太多不幸的兒童，他們一來到世上就活活受罪，唯一稍好的是生長在這些落後又貧脊的大地上，他們根本不知貧富為何物！誠然每位大人都經歷做過小孩，也知童年應該是最幸福的年代，因此如果有顆「赤子之心」，同情和關懷這些這些落後國家的孩童，想

必是很自然的事。作為眾人偶像的藝人如范范等，以身作則推廣公益，才是值得粉絲尊敬的榜樣。

◎ 李連杰在經歷了南亞海嘯後，創立了慈善公益組織壹基金，他還宣布其以後的工作重心會放在慈善事業方面。2011 年 1 月 11 日，深圳壹基金公益基金會舉行掛牌儀式，並召開新聞發布會正式宣布成立。這意味著壹基金從此具備獨立的法人身份，可以公開募款，成為中國首家民間公募基金會。至於李連杰的壹基金概念是提出「1 人＋1 元＋每 1 個月＝1 個大家庭」的概念，即每人每月最少捐一元，集合每個人的力量讓小捐款變成大善款，隨時幫助大家庭中需要幫助的人。壹基金還通過舉辦「全球公益慈善論壇」和「中國紅十字會壹基金公益獎」，搭建公益平台，推動公益事業的發展。

——曾經是兩岸三地最當紅的武打明星，有近十年的時間，李連杰是功夫明星的代名詞，即便年歲增長，人人仍尊稱他是「功夫皇帝」。但人終會老，靠武打也不能打一輩子，許多年輕時當紅的明星，在其最黃金的歲月風光非常，但當年華老去，退出螢光幕卻再也沒人記得。相對來說，李連杰能夠在其尚在青壯歲月時，就積極投入公益，用他的財富及影響力去幫助更多的人，他以此方式不但造福更多的人，事實上，也讓他的明星光彩永不褪色，人們仍會記得他是功夫皇帝。

◎　2013 年 05 月，中國大陸最紅的女歌手之一韓紅一直熱心公益慈善事業，除了積極參與各項公益慈善活動，還成立韓紅愛心慈善基金會。但是，韓紅的慈善道路並非一帆風順。韓紅回顧了自己多年的慈善歷程，由於單純，「我不止被一個基金會騙過，也不止被一個大款騙過。」但韓紅並沒有因次而終止慈善事業，而是以坦誠豁達的心，「去相信並且完全相信中國的慈善事業會成功走出瓶頸」。

韓紅還透露了想把韓紅愛心基金會的財務方向轉變為「捐贈人導向型」的計劃。「捐贈人導向型簡單說，就是符合捐贈人意願的捐款，也就是說，你捐來的錢，和我們善款最終的落實一定是符合捐贈人意願的。」韓紅說，「韓紅愛心基金會想嘗試一下，讓公眾知曉每筆錢究竟去了哪裡。絕對對得起捐贈人，絕對符合捐贈人的意願。」最後，韓紅還呼籲大家請給中國的慈善一點時間。「我相信中國的慈善事業在全國人民的信任、幫助和公開透明的制度下，會一天天地讓藍天清澈起來。」

——如同本書所述，現代許多人不願意捐錢，不是因為沒愛心，而是對捐款的流向沒有信心。不過，善款的「透明度」不足不是中國獨有，這個問題其實在任何國家和地區都是很普遍。然而難能可貴的，韓紅雖然曾在這方面跌跌碰碰，但不因此而放棄做愛心的念頭，相反地，她還主動呼籲人們做善事，令人激賞。「一念起、慈悲生；一緣起、菩提喜；一世情、遠萬里」慈善路上，韓紅直言

只要需要她，她總不會停止！因為，行善已經變成了她的
一種本能！

◎　成龍在 1988 年就開始以基金會的形式，成就自己及
各界好友的慈善事業，在不斷吸收和實踐國際慈善行業操作
經驗的基礎上，於 2008 年註冊並成立了北京成龍慈善基金會
並任會長。在 2011 年被民政系統確定為 4A 級品質認證。此
外，成龍早年於《福布斯》在世界眾星中被選出「十大慈善
之星」，其中他更是唯一華人明星晉身十大，成為好萊塢的
愛心之星。

——在兩岸三地人心目中，成龍算是頂尖的明星，不
只因為他陪伴幾代人共同的成長記憶，還因為他是少數可
以以華人身份，打入好來塢市場，還當到男主角，票房也
亮麗的真正國際明星。也因為這樣，成龍的影響力比起一
般明星要來得深遠，而他也願意做為表率，多行善事，還
被選為十大慈善之星，這才真正是華人之光。

◎　周潤發近期接受媒體採訪時表示，將效法比爾·蓋茨
和巴菲特，在自己死後把 99% 的財產捐贈給公益事業。據悉
周潤發和陳薈蓮結婚 27 年，膝下無子嗣。對於財產逾 10 億
港元安排，二人早有共識，夫婦在多個場合表示會將財產捐
出，回饋社會。但是，這筆巨額財富將以何種方式投放到慈
善事業，暫時未定。據說，發嫂傾向於成立慈善基金。

——其實，類似周潤發夫婦由於膝下無子嗣從而將財產捐出社會大有人在，卻大多對捐出慈善機構還是自己成立慈善基金心情頗為矛盾，因為很多慈善機構缺乏善款透明度及怎樣運用善款的主動權在於別人，而自行成立慈善基金需主動權在於自己，但如果缺乏經驗也是無從入手，加上人手管理和安排也要大費周章和資金，而且去到將財產捐出的地步（即膝下無人承繼）的人一般已是年華漸老，又何來精力做處理成立慈善基金的事？

　　◎　據香港媒體報導，影星古天樂貫徹低調性格，在過去 5 年默默做善事，粉絲稱讚「我古善良」，對偶像崇拜之外更添敬重。過去幾年，古天樂以「古天樂慈善基金」的名義先後捐建了多所學校。據悉，截至 2013 年底，古天樂共捐建了 61 所學校。而學校所在 地都是內地比較偏遠的地區，主要用於說明貧困的學生。

　　——據悉，古天樂除了捐錢，也會派專人監察工程進展，要求安全的建築。對於個人善舉，他從不肯宣揚，本著有能力幫助別人便幫忙的宗旨。他自己覺得不值得多說，將低調行善進行到底。不過，看到以「古天樂」命名的學校在內地遍地開花，有網友表揚古天樂，感謝他的慷慨捐助。古天樂的粉絲知道偶像默默做善事，自然頗為感動。

◎ 福布斯雜誌（Forbes）2013 年 11 月 19 日公佈全美年度慈善富豪排行榜，微軟公司創辦人比爾・蓋茨與妻子梅琳達以在 2012 年捐出善款 19 億美元，蟬聯榜首。據中國新聞網當時援引美媒報道，第二名是股神巴菲特（Warren Buffett），捐款 18.7 億美元，第三名是億萬富豪投資人索羅斯（George Soros）的 5.19 億美元。臉譜網站創辦人查克博格（Mark Zuckerberg）以 5.19 億美元排名第四，其中價值 4.99 億美元的臉譜股票捐給了加州矽谷社區基金會。即將卸任的紐約市長布隆伯格也擠進前十名。另外，流行樂壇天後麥當娜則被列為全球收入最高的音樂界人士。比爾・蓋茨與妻子梅琳達（Melinda）共同創立的基金會在 2012 年慷慨捐款達 19 億美元，這項捐款金額在全世界排名也是第一。福布斯是與慈善研究所合作列出 2012 年全美前 50 名慈善富豪排行榜。該排名僅依據在 2012 年捐出的金額，並未納入未來的承諾捐款。其他的慈善家還包括排名第五的華頓家族（Walton family），捐出 4.32 億美元；身價達 69 億美元的慈善家布洛德（Eli Broad）以捐出 3 .76 億美元，名列第六。71 歲的布隆伯格在慈善富豪排行榜名列第七。福布斯指出，布隆伯格一生至今已累計捐出 25 億美元。他在 2012 年捐出 3.7 億美元，但捐款金額在他擁有 310 億美元的資產中僅佔 1.2%，主要捐款對象是母校約翰・霍普金斯大學。此外，55 歲的麥當娜在音樂家收入排行榜上名列第一，估計年收入達到 1.25 億美元，遠超過 Lady Gaga 的 8000 萬美元。

——或者出於人們的求知慾和好奇心，每年各大傳媒都會公布各式各類的排行榜，從而吸引觀眾或讀者的眼球。然而，有的排行榜只會讓人眼紅，也對世人沒有什麼助益。例如世界富豪排行榜，除了炫富更刺激窮人外，其實沒多大意義。相反，若是慈善富豪排行榜那就意義完全不同。在人們豔羨的目光之餘，也多了一絲尊敬，這樣的富人才是真正的富貴。需知，有很多人有錢卻「富而不貴！」所謂「貴為天子，未必是貴；賤如匹夫，不為賤也。」貴是天生的、無價的。今天的「富」，不代表永遠的「富」！甚至很多一夜變「窮」！但您擁有的「貴」，才是您真正的財富，因為任何人都推不開、拿不掉。

附錄四

❯ 截貧制富與中國發展

中國未來的發展是什麼？從二十世紀走到二十一世紀，中國對這世界展現了什麼全新的氣象？若要以一個詞來代表，那或者就是中國國家領導人習近平經常提到的三個字：「中國夢」

　　同樣身為中華民族的我們相信都希望中國變得更好。新中國成立前的半個多世紀內，理想主義多次風起雲湧。20 世紀初，中國年輕人踴躍投身改革和革命。1919 年的五四運動中，他們將科學和民主奉為中國強國的基礎。今時今日，隨著新中國經濟起飛，中國比以往擁有更多人才。但接受完教育、擁有遠大的抱負卻缺乏經濟能力，創業的年青人大有人在，因此如果國家有一平台讓這些才俊追尋夢想，「中國夢」之路才能走的更遠更寬。

　　而中國現今的發展狀況是怎樣的呢？

　　2012 年 11 月 6 日中國青年報的一段報導可以做為代表，報導說中國：「經濟平穩較快發展，改革開放取得重大進展，人民生活水平顯著提高，民主法制建設邁出新步伐……過去的十年，是科學發展、成就輝煌的十年。黨的第十八次全國代表大會將近，未來十年正擺在中國面前。」

　　但公眾看好未來十年中國的發展嗎？未來十年中，公眾期待哪些領域的問題得到改善？為此，中國青年報社會調查中心通過題客調查網和民意中國網，以「你看好未來十年中國的發展嗎」為題，對全國 31 個省、市、自治區的11405 名網友，實施的在線即時調查顯示，56.6% 的受訪者明確表示，對中國未來十年的發展充滿信心。同時有 52.6%

的受訪者表示，對自己未來十年的生活有信心。近年來，在經濟社會高速發展的同時，一些社會問題與社會矛盾也越來越受到關注。本次調查顯示，在公眾眼中，最有可能阻礙中國未來十年發展的問 題依次有：「貧富分化嚴重」（75.4％）、「權力不受制約」（59.4％）、「利益集團坐大」（52.8％）、「生態環境惡化」（52.6％）、「弱勢 群體利益受侵害」（50.3％）、「經濟發展減速」（31.3％）、「國際環境緊張」（28.2％）、「人口紅利消失」（27.0％）等。

「我最期待調整收入分配、縮小貧富差距方面的改革。」家住陝西西安的張女士說，要是在前幾年，她和丈夫的收入還不算低，可幾年下來，工資的漲幅非常有限，已很難承受高物價下的家庭日常開銷。再加上越來越昂貴的子女教育費用，他們現在幾乎沒有多餘的錢可用於儲蓄，更不用說除了日常生活和教育之外的消費了。

在世界各地，每個地方的富豪尤其是白手興家的成功人士，他們究竟是如何登上象牙之塔？這些介紹他們的成功歷程、奮鬥事蹟的故事或書籍往往的當地人民最愛看的，這並不是好奇，而是知己知彼，誰不想成功？誰不想脫貧？這種心態是自然的，借鏡人家從中吸取成功秘訣，比比皆是。今天的中國社會，雖然欣欣向榮，但內裡富者愈富，貧富懸殊不斷擴大。也除著互聯網的發達，人民的學識不斷增加，倘若社會繼續拉大貧富層面，人民的反抗的機率就會增大，相信中國政府是深知的！因此，倘若此時有一股力量能夠長期

大量製造「良心富人」，不斷循環「取諸社會 用諸社會」，
既能有效幫助滅貧，還鼓勵國民發奮圖強，引導原來富人也
積極行善，帶領淨化社會風氣減少戾氣，提高國民素質，相
信中國政府是歡迎和樂見的。

　　2013 年 3 月，中國選出了習近平及李克強的新領導層，
並提出了「中國夢」的構思。的確，中國有著數千年文化，
但最是近十數年才追趕世界及現代化，要中華民族復興及全
面小康社會還需時間實現，相信人民也樂見我們國家的領導
有「中國夢」的宏願，不過，要達成「中國夢」首先還是令
人民有最基本的「人民夢」，這就是安居樂業，進一步的就
是令人民發揮所長，不會永遠都是怎樣努力都是徒勞，「恩
基金」和「恩商會」的成立，就是提供人民發揮「人民夢」
的舞台，得以發揮。「人民夢」能夠達成，「中國夢」自然
得心應手。

　　今天，包括中國政府在內的各國政府都已經充分意識
到，青年的能力、認知和價值觀，直接影響到國家、社會的
發展和人類的未來；而當今青年，處在知識、觀念、科技都
大革新的年代，更加需要關懷、需要引導和鼓勵，政府要傾
聽他們的聲音、重視他們的意見、發揮他們的潛能，因此能
給予沒經濟能力但擁有無比的抱負為服務社會為己任的青年
們一個平台尤為重要。今天中國雖然已有很多富人，但不可
否認的，絕大部份人還是窮人，為此，「截貧制富」的誕
生，縱然我們不能完全解決「截貧」，但肯定可「制富」，
從而有效縮窄貧富懸殊的差距。而且世界上好多慈善工作都

無以後繼，難以延續，但我們剛剛相反，時間愈久，愈突顯其效果。社會戾氣減了，民心自然歸向。

另外，據資料顯示，中國每年都有千千萬萬個小發明或中大發明，由於發明人生活窮困無條件開發而落入甚至賤賣商人之手，形成富者愈富的惡性循環，今天的「恩基金」的誕生，就可成就這群懷才不遇的人，從而樹立中國更多的品牌產生，縱然獎金未必足夠一開始就足夠營運一個發明或品牌，但起碼做到初步甚至成形的階段，而不會完完全全被壟斷，這樣既迎合中國政府的「國策」，也能有效的「截貧」和「制富」，造福社會。

種種的分析，都證明「截貧制富」有其市場。我們就緊緊抓著人類很多都接受家產不留子孫，而改作慈善用途的心態得以盡情發揮，我們細心想想，儘管全球首富巴菲特及蓋茨等富甲一方，兼且也願意奉獻出來成立基金作為慈善用途，但他們都深知只靠他們廖廖幾人來拯救全球也只會杯水車薪，所以他們都呼籲各國富豪（包括中國）捐獻自己或部份家產來回饋社會，甚至擺設「富人宴」，不過，成效如何世人心中有數！其實失敗的關鍵有三：

1. 就算世界的富豪相信巴菲特及蓋茨，也未必相信操作這些慈善基金的人，更不知這些錢用在那方面的慈善用途，在無數問號浮現腦海時，誰願意捐獻自己大量積蓄？
2. 今天如果能集合全球眾多富豪捐獻，就不是一個小數目，也就是即使有巴菲特及蓋茨等有心人去參與，也未必能完

善管理這個龐大數目的基金，況且他日上述等人離開人世，能保證前仆後繼嗎？

3. 這個世界就是這樣，誰理會你是巴菲特及蓋茨，求人拿錢就是這麼難，如果他們的基本模式不變，這個基金就必需永遠的求人拿錢（求新一代的富豪捐獻），路途艱辛可想像得到。當然，這不止是巴菲特及蓋茨發起的慈善基金所預到的難處，其實也是世界任何的慈善基金所預到的難處，包括中國巨星李連杰所發起的「壹基金」，他日李先生走了，光環自會漸退！可以說，世界上的慈善基金都是「治標不治本」，既不能「根治」貧窮，而且慈善「錢」途堪苛，難以延續！

我們或者也從經濟角度去看，世界上所有慈善基金不是靠人捐獻，就是靠投資增加庫存收入，前述靠人捐獻是痛苦的、漫長的；而靠投資是存在風險的，我們回看世界很多國家的外匯儲備，其投資也不會年年賺的；至於靠利息更是不可取。再回到這些為扶貧的慈善基金的角度看，我們當然不反對對那些急切援助的貧苦大眾施以援手，但相信人民也明白也有很多有手有腳、身心健全之士終日游手好閒，等著社會救援而過活，因此懷疑社會上的慈善基金能否百分百用在真的有需要貧困人士，實在存有極大的疑問！況且用錢補貼他們，始終都是治標不治本，而且對絕大部份的在職及正在社會奮鬥的人士來說也有欠公平。再從這些世界上的良心富豪的角度去看，蓋茨也好，巴菲特也好，張榮發或郭台銘都

好，儘管他們大仁大義、回饋社會捐獻自己的家產，但相信在他們的心底中，用他們的財富去面對及救濟社會上寵大的貧苦大眾，只會粥少僧多，無濟於事。即使又從熱心公益的藝人來說，好多時出錢出力，值得嘉許。特別是知名藝人周潤發最近表示，由於膝下無子嗣，正打算把自己逾 10 億港元的財產逾捐出，但也苦惱不知捐去慈善機構還是自行成立基金那樣較好，其實發哥的苦惱也是眾多有錢而又想回饋社會的人士的難題。要知道長遠解決社會的貧富差距，最根治的方法就是首先令一群有識及健全的貧困人士「富起來」，因此，倘若上述的良心富豪或熱心藝人，把這些「財富」和「精力」部份去轉而栽培一班也具「良心」的慈善「戰士」，令他們繼承他們的「遺志」，一代代的傳下去，那豈不是更具意義？！

而「截貧制富」項目的產生就是彌補世界各種慈善基金的先天不足，我們創立的思維就是把世界各地的貧窮但有志之士扶育起來令到他們富有，再要求這些因我們富起來的人再扶育新一代貧窮但有志之士，如此源源不絕，生生不息，就能有效達到「截貧」及「制富」的終極目的，不過，說終極是錯的！因為這個概念所形成的基金就宛如一座金字塔，無窮無盡，世代相傳，而且很奇怪，世上很多事都很難做到「永恆」，或者是世人所形容的「潮流」吧，但「截貧制富」可能是世上最「永恆」的項目，因為時間愈久，它發揮的功效就愈大，愈深，愈遠！

最重要的是，「截貧制富」項目如果能在世界各地（特

別是中國）開花，不單可彌補世界各種慈善基金的先天不足，更可一次性有效解決前面所提到的國際問題，當有效解決「截貧」及「制富」時候，人民的戾氣就會減少，各地社會就能達到祥和與穩健！再者，當貧窮的人生活好起來（先不說富起來），對本來富的人也有好處，因為「有錢」就會「消費」，最終都是「良性循環」！而且，當世上本來富的人見到「截貧制富」項目如此透明，如此有效，就不用「求」他們都會「自然」捐獻善款到此來回饋社會，只要「透明」及「看得到的成效」，特別是想到當自己的少少的捐獻是用來「製造新一代的「良心」富人，而且是生生不息！」善心人就會自自然有「信心」捐獻，達到不求自來的目的！然而，除了上述目的外，特別是中國一地，「截貧制富」項目還能有效地幫助人民發明的產品或東西交回自己發展，從而減少流落富人商家的手裡，更可協助鼓勵和扶持本國品牌創立者，所以「截貧制富」項目如果能順利在世界各地開花，對各地政府也一次性解決諸多社會難題！

結語　另一種世界大同的境界

在本書的最後，其容我背誦一段禮運大同篇的句子：

大道之行也，天下為公，選賢與能，講信修睦，故人不獨親其親，不獨子其子，使老有所終，壯有所用，幼有所長，鰥寡孤獨廢疾者皆有所養；男有分，女有歸。貨惡其棄於地也不必藏於己，力惡其不出於身也不必為己，是故謀閉而不興，盜竊亂賊而不作，故外戶而不閉，是謂大同。

或許有人會問，這段句子和「截貧制富」有什麼關係。但我真的要說，世界大同其實就是我創造「截貧制富」理念的一個最終願景。要知道，一個社會之所以不祥和，原因可能有諸端，但歸納起來，終究會牽涉到兩件事：一是「社會公義」，一是「人民財富」。

當一個社會不公義，貧富不均，有錢的人天天吃香喝辣，窮人卻日日辛勞僅能勉強溫飽，兩相對比下，久了就難免會出亂子。一個貧富差距太大的社會，一定接踵而來的會是種種社會問題。

當一個社會許多人窮困，那麼這社會一定感覺烏雲罩頂，人人愁眉苦臉，生活都有困難了，其它進階的如文化、藝術、哲學以及更高的社會思想層面發展，就一定受限制，久而久之，社會就缺少文化，缺乏文明。那動亂就不遠了。

　　眾所周知，大同和小康，是兩種不相同的社會制度。儒家認為，在大同世界裡，人們都不會將物資據為己有，反而怕自己為社會出力不夠；老人、小孩、寡婦、鰥夫和傷殘的人民都可以得到供養，可謂人人生活無休。而小康社會裡，重點只在解決人民溫飽，提高物質文明水平。明顯地，大同世界比小康社會似乎好得多；孔子亦似乎比較嚮往的是大同世界。然而，綜觀世界不要說正著發展的國家，即使是發達國家要造到全面小康的社會都已經很難，更莫說大同了。

　　很慶幸地，我的整套「截貧制富」制度理念，如果能夠得道多助，運作順暢的話，那麼，近觀是為了多製造富人，以及讓更多有錢人心甘情願地去扶助弱勢社群，因為社會若能多一點富人最終也會分攤自己的回饋及責任，遠觀，卻是一個社會大同理念的追求。

結語

　　當人們有了致富的希望，當人們看到這社會是公平的，當人們知道自己雖窮但社會有套制度可以翻身，當人們看到有錢人心中也不嫉妒，因為知曉富人會幫助窮人，也知曉自己只要努力，有一天也會變富人。那這樣的社會，就會是祥和社會。

　　大同是我追求的境界。也期望「截貧制富」系統，可以讓這社會朝大同的境界發展。

　　最後，我想再強調我不是什麼學者，更不是財經專家，人沒有十全十美，因此我想我的項目難免有不善的地方，我出版此書的目的，除了希望得到各方的指導及改善外，更期待社會眾多認同我的「知心人」一同共襄善舉，不枉此生！

截貧制富
用永續經營的觀念推展創業型公益

截貧制富
用永續經營的觀念推展創業型公益

國家圖書館出版品預行編目資料

截貧制富 / 黃文杰 著 --初版--
臺北市：博客思出版事業網：2014.4
ISBN：978-986-5789-20-6（平裝）
1.創業投資 2.公益事業

563.5   103006438

社服與公益 1

截貧制富

作　　者：黃文杰
美　　編：鄭荷婷、謝杰融
封面設計：黃文杰
執行編輯：張加君
出 版 者：博客思出版事業網
發　　行：博客思出版事業網
地　　址：台北市中正區重慶南路1段121號8樓14
電　　話：(02)2331-1675或(02)2331-1691
傳　　真：(02)2382-6225
E—MAIL：books5w@gmail.com
網路書店：http://bookstv.com.tw/
　　　　　http://store.pchome.com.tw/yesbooks/
　　　　　博客來網路書店、博客思網路書店、華文網路書店、三民書局
總 經 銷：成信文化事業股份有限公司
劃撥戶名：蘭臺出版社 帳號：18995335
香港代理：香港聯合零售有限公司
地　　址：香港新界大蒲汀麗路36號中華商務印刷大樓
　　　　　C&C Building, 36,Ting, Lai, Road, Tai,Po, New,Territories
電　　話：(852)2150-2100　傳真：(852)2356-0735
總 經 銷：廈門外圖集團有限公司
地　　址：廈門市湖裡區悅華路8號4樓
電　　話：86-592-2230177
傳　　真：86-592-5365089
出版日期：2014年4月 初版
定　　價：新臺幣350元整（平裝）
ISBN：978-986-5789-20-6